추론 문해력

1단계

추론 문해력 1단계

초등 국어와 연계하여 추론 능력을 키워 준다

초판 발행일 2025년 12월 12일
2쇄 발행일 2026년 1월 23일

지은이 이형래
펴낸곳 국수

등록번호 제2018-000158호
주소 경기도 고양시 일산동구 진밭로 36-124
전화 (031) 908-9293
팩스 (031) 8056-9294
전자우편 songwriter@kuksu.kr

ISBN 979-11-90499-75-0 04000
ISBN 979-11-90499-74-3 (세트)

이 책에 사용한 이미지는 대부분 Freepik에서 제공 받았습니다.

추론 문해력

초등 **국어**와 **연계**하여
추론 능력을 키워 준다

1단계

이형래 지음

국수

'추론 문해력'으로 공부 근육을 키워요

'추론'이란 무엇일까요? 추론은 얼핏 보면 눈에 띄지 않는 의미를 알아차리는 능력이에요. 예컨대, 이런 문장이 있어요. 우산을 펼쳤다. 빗방울이 후드득 내리쳤다. 이 짧은 두 문장에는 '펼친 우산에 빗방울이 떨어졌다.'라는 사실보다 더 자세한 정보가 담겨 있어요. 그것은 '후드득'이라는 낱말에서 '빗방울'이 '굵은' 빗방울이었음을 나타내고 있다는 것이에요. '굵은'은 문장에는 드러나지 않았지만, '내리쳤다'라는 표현에서 방금 비가 쏟아져 내리기 시작했음을 우리는 추론할 수 있어요. 이처럼 추론은 글의 '겉'을 읽으며 '속'까지 파악하는 능력이며, 그럼으로써 글의 의미를 발견하는 사고 활동이에요.

추론 능력이 뛰어난 독자는 글을 읽는 것을 넘어, 글쓴이의 생각까지 깊게 파악해요. 그래서 추론 문해력은 생략된 내용은 물론이고, 글에 직접 나타나 있지 않은 글쓴이의 집필 의도와 목적, 글 읽기에 필요한 배경 지식까지 예측하며 글의 의미를 확장해 가는 활동이에요. 그러한 추론 문해력은 저절로 생겨나지 않아요. 다양한 글을 읽고 쓰는 과정을 통해 추론하는 사고 훈련을 꾸준히 거쳐야만 그 능력이 자라는 거예요.

추론 문해력은 근육 같아요. 그 근육은 오래, 깊게 공부하기 위해 꼭 필요한 공부 근육이에요. 근육이 체력을 만들 듯, 추론 문해력은 공부 능력을 만들어요. 영양의 균형을 갖춘 음식을 먹고 꾸준히 운동해야 더욱 건강해지듯이, 추론 문해력을 갖추어 공부를 해야 바라는 성과도 올릴 수 있어요.

4권으로 구성된 '추론 문해력 시리즈'의 첫째 단계인 이 책은 어린이 독자가 학교 공부와 연계하여 추론 능력을 자연스레 기를 수 있도록 초등학교 저학년 국어 교과의 핵심 내용을 글감으로 만들었어요. 자녀의 건강을 생각하며 부모께서 정성껏 만드신 집밥 같은 글감을 최고의 문해력 교육 전문가가 직접 썼어요. 추론 문해력 식단으로는 영양 만점이라고 자부할 만한 이 책으로 추론 능력을 튼튼하게 길러 보세요.

2025년 마지막 달에

문해력 교육 전문가 이형래

이 책의 구성

지문

여러 낱말이나 짧은 글로 이루어진 지문입니다. 이 지문은 아래의 문제에서 쓰일 추론의 재료입니다.

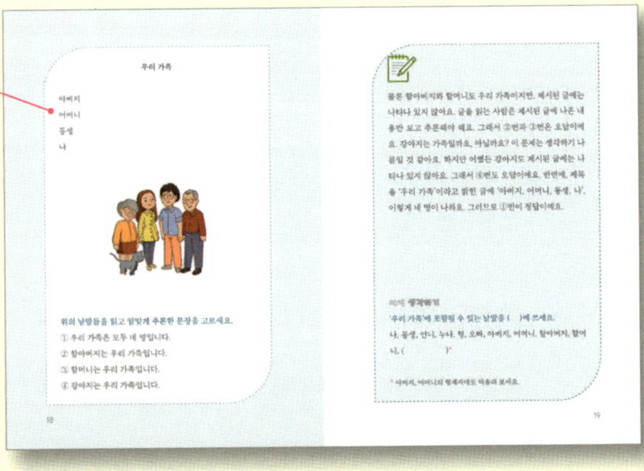

우리 가족

아버지
어머니
동생
나

위의 낱말들을 읽고 알맞게 추론한 문장을 고르세요.
① 우리 가족은 모두 네 명입니다.
② 할아버지는 우리 가족입니다.
③ 할머니는 우리 가족입니다.
④ 강아지는 우리 가족입니다.

18

물론 할아버지와 할머니도 우리 가족이지만, 제시된 글에는 나타나 있지 않아요. 글을 읽는 사람은 제시된 글에 나온 내용만 보고 추론해야 해요. 그래서 ②번과 ③번은 오답이에요. 강아지는 가족일까요, 아닐까요? 이 문제는 생각하기 나름일 것 같아요. 하지만 어쨌든 강아지도 제시된 글에는 나타나 있지 않아요. 그래서 ④번도 오답이에요. 반면에, 제목을 '우리 가족'이라고 밝힌 글에 '아버지, 어머니, 동생, 나', 이렇게 네 명이 나와요. 그러므로 ①번이 정답이에요.

생각하기
'우리 가족'에 포함될 수 있는 낱말을 (　)에 쓰세요.
나, 동생, 언니, 누나, 형, 오빠, 아버지, 어머니, 할아버지, 할머니, (　　　)*

* 아버지, 어머니의 형제자매도 떠올려 보세요.

19

문제

위의 지문에 대한 사지선다형 문제입니다. 알맞게 추론한 문장을 독자가 고르도록 출제되었습니다.

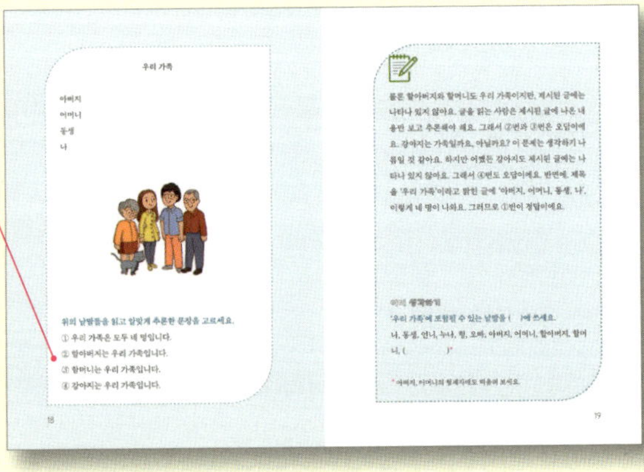

우리 가족

아버지
어머니
동생
나

위의 낱말들을 읽고 알맞게 추론한 문장을 고르세요.
① 우리 가족은 모두 네 명입니다.
② 할아버지는 우리 가족입니다.
③ 할머니는 우리 가족입니다.
④ 강아지는 우리 가족입니다.

18

물론 할아버지와 할머니도 우리 가족이지만, 제시된 글에는 나타나 있지 않아요. 글을 읽는 사람은 제시된 글에 나온 내용만 보고 추론해야 해요. 그래서 ②번과 ③번은 오답이에요. 강아지는 가족일까요, 아닐까요? 이 문제는 생각하기 나름일 것 같아요. 하지만 어쨌든 강아지도 제시된 글에는 나타나 있지 않아요. 그래서 ④번도 오답이에요. 반면에, 제목을 '우리 가족'이라고 밝힌 글에 '아버지, 어머니, 동생, 나', 이렇게 네 명이 나와요. 그러므로 ①번이 정답이에요.

생각하기
'우리 가족'에 포함될 수 있는 낱말을 (　)에 쓰세요.
나, 동생, 언니, 누나, 형, 오빠, 아버지, 어머니, 할아버지, 할머니, (　　　)*

* 아버지, 어머니의 형제자매도 떠올려 보세요.

19

해설

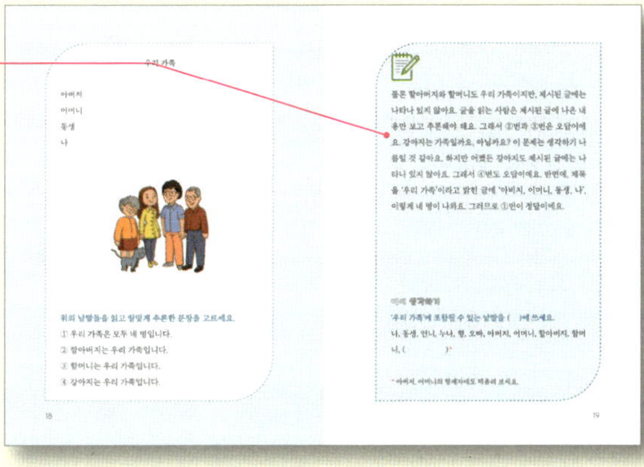

앞쪽의 문제에 대한 해설입니다. 선지(선택 항목)마다 알맞거나 알맞지 않은 까닭을 풀어 설명하여 정답을 밝혔습니다.

이어 생각하기

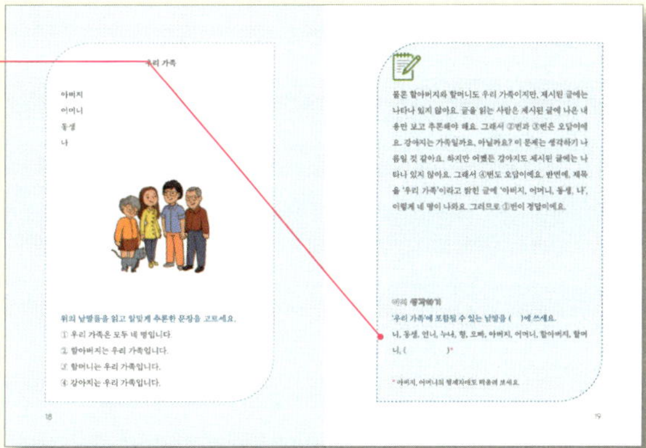

앞쪽 문제의 주제에서 비롯된 짧은 새 문제입니다. 정답이 있는 문제도 있고, 자유롭게 대답해도 되는 문제도 있습니다. 이 책 맨 뒤의 [이어 생각하기 예시 답]에서 알맞은 답을 확인할 수 있습니다.

차례

차례

우리 가족

아버지

어머니

동생

나

위의 낱말들을 읽고 알맞게 추론한 문장을 고르세요.

① 우리 가족은 모두 네 명입니다.

② 할아버지는 우리 가족입니다.

③ 할머니는 우리 가족입니다.

④ 강아지는 우리 가족입니다.

물론 할아버지와 할머니도 우리 가족이지만, 제시된 글에는 나타나 있지 않아요. 글을 읽는 사람은 제시된 글에 나온 내용만 보고 추론해야 해요. 그래서 ②번과 ③번은 잘못된 추론이에요. 강아지는 가족일까요, 아닐까요? 이 문제는 생각하기 나름일 것 같아요. 하지만 어쨌든 강아지도 제시된 글에는 나타나 있지 않아요. 그래서 ④번도 잘못된 추론이에요. 반면에, 제목을 '우리 가족'이라고 밝힌 글에 '아버지, 어머니, 동생, 나', 이렇게 네 명이 나와요. 그러므로 ①번이 올바른 추론이에요.

이어 **생각하기**

'우리 가족'에 포함될 수 있는 낱말을 (   )에 쓰세요.

나, 동생, 언니, 누나, 형, 오빠, 아버지, 어머니, 할아버지, 할머니, (   )*

* 아버지, 어머니의 형제자매도 떠올려 보세요.

책 읽는 대나무

옛날 옛적에 바른 대나무가 책을 재미있게 읽고 있었어요. 바른 대나무는 바른 자세로 책을 읽었어요. 그래서 똑바로 자랐어요. 대나무는 곧게 자라서 높은 곳에 꽂혀 있는 책도 잘 읽을 수 있었어요.

위의 글을 읽고 알맞게 추론한 문장을 고르세요.

① 바른 대나무는 책 읽기를 좋아했어요.

② 바른 대나무는 휘어져서 자랐어요.

③ 대나무는 낮게 자라서 책을 못 읽었어요.

④ 바른 대나무는 책을 읽지 않았어요.

앞의 글에서 바른 대나무는 "똑바로 자랐어요."라고 했어요. 그러므로 ②번은 잘못된 추론이에요. 그리고 바른 대나무는 "책을 재미있게 읽고 있었어요." 또, "높은 곳에 꽂혀 있는 책도 잘 읽을 수 있었어요."라고 쓰여 있어요. 이 두 문장에서 '바른 대나무가 책 읽기를 좋아했음'을 추론할 수 있어요. 그러므로 대나무가 낮게 자라서 책을 못 읽었다는 ③번도 잘못된 추론이고, 대나무가 책을 읽지 않았다는 ④번도 잘못된 추론이므로, 책 읽기를 좋아했다고 추론한 ①번이 올바른 추론이에요.

이어 **생각하기**

등허리를 구부린 자세로 책을 읽으면 어떤 문제가 생길까요? 알맞은 문장에 ○표하세요.

같은 자세로 책을 오래 읽기 쉽다. (　　)

책을 더 재미있게 읽을 수 있다. (　　)

평소에도 자세가 구부정해지기 쉽다. (　　)

키가 더 잘 자랄 수 있다. (　　)

그래. 그래

독도야, 잘 잤니?

그래. 그래.

지운아, 잘 잤니?

그래. 그래.

위의 글을 읽고 알맞게 추론한 문장을 고르세요.

① 독도는 잠을 자지 않아요.

② 독도는 사람의 이름이에요.

③ 지운이는 독도에게 대답하지 않았어요.

④ 독도와 지운이는 서로 인사를 나누고 있어요.

앞의 글에서 "독도야, 잘 잤니?"라고 묻고, "그래. 그래."라고 대답해요. 그래서 독도는 잠을 자지 않는다는 ①번은 잘못된 추론이에요. 그리고 글에서 "지운아, 잘 잤니?"라고 묻고, 마찬가지로 "그래. 그래."라고 대답해요. 그래서 지운이는 독도에게 대답하지 않았다는 ③번도 잘못된 추론이에요. ②번은, 지운이는 사람 이름이지만, 독도는 섬 이름이므로 잘못된 추론이에요. 그리고 글에서 지운이와 독도는 서로 "잘 잤니?" "그래. 그래." 하며 인사를 나누어요. 그러므로 올바른 추론은 ④번이에요.

이어 **생각하기**

(　)에 적절한 말을 쓰세요.

(　　　　)*, 잘 잤니?

그래. 그래.

(　　　　)*, 잘 잤니?

그래. 그래.

* 기분 좋은 인사를 떠올려 보세요. 누구에게 인사하고 싶나요?

연필 바르게 잡기

오른손으로 잡아도 돼요.

왼손으로 잡아도 돼요.

연필심에서 조금 위로, 연필의 아랫부분을 잡아요.

연필을 너무 세우지 마세요.

연필을 너무 눕히지 마세요.

엄지손가락과 집게손가락의 모양을 둥글게 하여 잡아요.

위의 글을 읽고 알맞게 추론한 문장을 고르세요.

① 연필을 잡는 방법은 한 가지만 있어요.

② 연필을 세우면 글씨를 더 잘 쓸 수 있어요.

③ 연필을 잡을 때 손가락을 최대한 펴야 해요.

④ 연필을 잘못 잡으면 글씨를 바르게 쓰기 어려워요.

앞의 글에서 연필을 너무 세우거나 눕히지 말고, 엄지와 집게손가락을 둥글게 하여 잡으라고 했어요. '알맞지 않은 방법으로 연필을 잡으면 글씨를 바르게 쓰기 어렵다는 것'을 추론할 수 있어요. ①번은 '오른손으로 잡아도 되고, 왼손으로 잡아도 된다.'라는 내용과 다르므로 잘못된 추론이에요. ②번은 글에서 "연필을 너무 세우지 마세요."라고 했으므로 틀린 추론이에요. ③번도 글에서 "손가락의 모양을 둥글게 하여 잡아요."라고 했으므로 잘못된 추론이에요. 그러므로 올바른 추론은 ④번이에요.

이어 **생각하기**

□에 알맞은 낱말을 쓰세요.

연필을 바르게 잡으면 □□ 가 잘 써져요.

모음자와 자음자

ㅏ ㅑ ㅓ ㅕ ㅗ ㅛ ㅜ ㅠ ㅡ ㅣ는 모음자이고

ㄱ ㄴ ㄷ ㄹ ㅁ ㅂ ㅅ ㅈ ㅇ ㅊ ㅋ ㅌ ㅍ ㅎ은 자음자이다.

가	갸	거	겨	고	교	구	규	그	기
나	냐	너	녀	노	뇨	누	뉴	느	니
다	댜	더	뎌	도	됴	두	듀	드	디
라	랴	러	려	로	료	루	류	르	리
마	먀	머	며	모	묘	무	뮤	므	미
바	뱌	버	벼	보	뵤	부	뷰	브	비
사	샤	서	셔	소	쇼	수	슈	스	시
아	야	어	여	오	요	우	유	으	이
자	쟈	저	져	조	죠	주	쥬	즈	지
차	챠	처	쳐	초	쵸	추	츄	츠	치
카	캬	커	켜	코	쿄	쿠	큐	크	키
타	탸	터	텨	토	툐	투	튜	트	티
파	퍄	퍼	펴	포	표	푸	퓨	프	피
하	햐	허	혀	호	효	후	휴	흐	히

위의 글을 읽고 알맞게 추론한 문장을 고르세요.

① ‘ㅏ’와 ‘ㅗ’는 모음자예요.

② ‘ㅈ’과 ‘ㅓ’는 모두 자음자예요.

③ ‘ㄱ’과 ‘ㅏ’는 갈래가 같은 한글 낱자예요.

④ 모음자 없이 자음자만으로도 글자를 만들 수 있어요.

'ㅓ'는 모음자인데, 'ㅈ'은 자음자이므로 ②번은 잘못된 추론이에요. 'ㄱ'은 자음자, 'ㅏ'는 모음자로 갈래가 다른 한글 낱자이므로 ③번도 틀린 추론이에요. 자음자만으로는 글자를 만들 수 없고, 모음자와 함께 있어야 하므로 ④번도 틀린 추론이에요. 'ㅏ'와 'ㅗ'는 한글 모음자에 속해 있어요. 그러므로 ①번이 알맞은 추론이에요.

이어 생각하기

'한글'을 자음자와 모음자로 구분하여 □에 쓰세요.

ㅎ□ 그
□ □

봄이 오는 소리

엄마와 함께 뒷산에 올라갔습니다. 딱따구리가 나무줄기에 구멍을 내는 소리가 들렸습니다.

"딱, 딱, 딱, 딱, 딱, 딱, 딱, 딱, 딱, 딱."

개울물이 소리를 내며 개나리꽃밭으로 흘러갑니다.

"졸졸, 졸졸, 졸졸, 졸졸, 졸졸."

위의 글을 읽고 알맞게 추론한 문장을 고르세요.

① 딱따구리는 조용히 나무를 쪼아요.

② 개울물은 진달래꽃밭으로 조용히 흘러가요.

③ 뒷산에서 여러 가지 소리를 들을 수 있어요.

④ 봄이 오면 새소리와 물소리뿐 아니라 바람 소리, 꽃 피는 소리도 들릴 거예요.

딱따구리가 나무에 구멍을 낼 때 '딱, 딱, 딱' 하는 큰 소리가 나므로 ①번은 잘못된 추론이에요. 개울물이 개나리꽃밭으로 소리를 내며 흘러갔으므로 ②번도 잘못된 추론이에요. 앞의 글에서 바람 소리와 꽃 피는 소리에 관한 내용은 없어요. 그러므로 ④번은 상상이긴 해도 알맞은 추론은 아니에요. 반면에 뒷산에서 딱따구리 소리와 개울물 소리를 들을 수 있었으므로 '뒷산에서 여러 가지 소리를 들을 수 있다.'라고 추론한 ③번이 올바른 추론이에요.

이어 **생각하기**

봄이 오면 들을 수 있는 또 다른 소리를 생각하여 (　　)에 쓰세요.

(　　　　　　　　　　　　)*

* 봄이 되면 학교나 집이나 동네에서 들을 수 있는 소리를 머릿속에 떠올려 보세요.

떠오른다

거미를 읽으면 거미가 떠오르고
나무를 읽으면 나무가 떠오른다.
참새를 읽으면 참새가 떠오르고
제비를 읽으면 흥부가 떠오른다.

위의 글을 읽고 알맞게 추론한 문장을 고르세요.

① 낱말을 읽으면 이야기 제목이 떠올라요.

② 낱말을 읽으면 머릿속에 그림이 그려져요.

③ 낱말을 읽으면 맛있는 음식 냄새가 나요.

④ 낱말을 읽으면 신나는 노랫소리가 들려요.

①번은 이야기 제목이 떠오른다고 했지만, 글에서는 제목이 아닌 사물 자체가 떠오른다고 했으므로 잘못된 추론이에요. ③번과 ④번은 글의 내용과 관련이 없어요. 낱말을 읽으면 음식 냄새가 나거나 노랫소리가 들린다고 하지 않았어요. 그래서 잘못된 추론이에요. 앞의 글에서 거미를 읽으면 거미가 떠오르고, 나무를 읽으면 나무가 떠오른다고 했어요. 이 말은 어떤 낱말을 읽으면 그 낱말이 나타내는 이미지가 머릿속에 떠오른다는 뜻이에요. 그러므로 ②번이 올바른 추론이에요.

이어 **생각하기**

머릿속에 그림이 그려지는 동물들을 (　　)에 쓰세요.

곰, 타조, 병아리, 강아지, (　　　　　　　　　　　　　　　　)

무엇이 같은가요

호랑이

바구니

지우개

옷걸이

민들레

오징어

위의 낱말들을 읽고 알맞게 추론한 문장을 고르세요.

① 소리마디가 세 글자인 낱말입니다.

② 동물을 나타내는 낱말입니다.

③ 식물을 나타내는 낱말입니다.

④ 학용품을 나타내는 낱말입니다.

앞에 주어진 낱말들을 소리마디(음절)로 살펴보면 다음과 같아요.

호랑이 (호-랑-이) → 3음절, 바구니 (바-구-니) → 3음절

지우개 (지-우-개) → 3음절, 옷걸이 (옷-걸-이) → 3음절

민들레 (민-들-레) → 3음절, 오징어 (오-징-어) → 3음절

이렇게, 낱말들이 세 개의 소리마디(음절)로 이루어져 있으므로 ①번이 알맞은 추론이에요. ②번은, '호랑이'와 '오징어'는 동물이지만 나머지 낱말들은 동물이 아니므로 잘못된 추론이에요. ③번도 '민들레'는 식물이지만 다른 낱말들은 식물이 아니므로 잘못된 추론이에요. ④번도 '지우개'는 학용품이지만 다른 낱말들은 학용품이 아니므로 잘못된 추론이에요.

이어 **생각하기**

네 개의 소리마디(음절)로 이루어진 낱말을 이어서 (　　)에 쓰세요.

소리마디, 텔레비전, 바늘구멍, (　　　　　　)

무엇이 다른가요

나비

사자

여우

토끼

타조

하마

위의 낱말들을 읽고 알맞게 추론한 문장을 고르세요.

① 모두 받침이 없는 낱말입니다.

② 모두 집에서 기르는 동물입니다.

③ 모두 알을 낳는 동물입니다.

④ 모두 물에서 사는 동물입니다.

②번은, 토끼는 집에서 기르지만, 다른 동물들은 일반적으로 집에서 기르지 않아서 잘못된 추론이에요. ③번은, 사자, 여우, 토끼, 하마는 알을 낳는 동물이 아니므로 잘못된 추론이에요. ④번은, 하마는 물에서 많이 생활하지만, 사자, 여우, 토끼 등은 주로 육지에서 살아가므로 잘못된 추론이에요. 나비(받침 없음), 사자(받침 없음), 여우(받침 없음), 토끼(받침 없음), 타조(받침 없음), 하마(받침 없음), 이렇게 앞의 낱말들은 모두 받침이 없는 낱말이에요. 그러므로 ①번이 올바른 추론이에요.

이어 **생각하기**

받침이 없는 낱말을 이어서 (　　)에 쓰세요.

허리, 바구니, 모자, 코끼리, 두루미, 비누, 도로, 다리, 호수,

(　　　　　　　　)

한 글자

감

밤

배

귤

위의 낱말들을 읽고 알맞게 추론한 문장을 고르세요.

① 모두 열매를 먹는 채소예요.

② 모두 신맛이 나는 과일이에요.

③ 모두 한 글자로 된 과일이에요.

④ 모두 받침이 없는 낱말이에요.

①번은 '감, 밤, 배, 귤'은 과일이지 채소가 아니므로 잘못된 추론이에요. ②번도 '밤'은 신맛 나는 과일이 아니므로 잘못된 추론이에요. ④번도, '감, 밤, 귤'은 받침이 있는 낱말이므로 잘못된 추론이에요. 제시된 낱말 '감, 밤, 배, 귤'은 모두 한 글자로 이루어진 과일이에요. 그러므로 ③번이 올바른 추론이에요.

이어 **생각하기**

한 글자로 된 음식을 이어서 (　　)에 쓰세요.

김, 밥, 국, 콩, 굴, (　　　　　　　　)

채소 이름

무

파

가지

고추

오이

배추

고구마

위의 낱말들을 읽고 알맞게 추론한 문장을 고르세요.

① 모두 초록색 채소예요.

② 모두 매운맛이 나는 채소예요.

③ 모두 땅속뿌리를 먹는 채소예요.

④ 모두 요리에 자주 사용하는 채소예요.

제시된 낱말 가운데 ‘무, 파, 고추, 오이, 배추’에는 초록색이 있지만, ‘고구마’는 그렇지 않아요. ‘가지’와 ‘고구마’의 표면은 보라색이에요. 그러므로 ①번은 잘못된 추론이에요. 그리고 ‘오이, 배추, 고구마’는 매운맛이 나지 않으므로 ②번도 잘못된 추론이에요. 또한, 고구마는 땅속뿌리를 먹지만 파와 배추는 잎줄기를 먹고, 가지, 고추, 오이는 열매를 먹으므로 ③번도 잘못된 추론이에요. 반면에, ‘무, 파, 가지, 고추, 오이, 배추, 고구마’는 모두 요리에 자주 사용하는 채소예요. 그러므로 ④번이 올바른 추론이에요.

이어 **생각하기**

땅속에서 자라는 뿌리를 먹는 채소를 이어서 (   )에 쓰세요.

무, 고구마, (   )

시장

바나나

포도

사과

조개

새우

게

위의 낱말들을 읽고 알맞게 추론한 문장을 고르세요.

① 모두 과일입니다.

② 모두 바다에서 얻을 수 있습니다.

③ 과일과 해산물이 함께 있습니다.

④ 모두 동그란 모양입니다.

제시한 낱말 가운데 '조개, 새우, 게'는 과일이 아니므로 ①번은 잘못된 추론이에요. 그리고 낱말 중 '바나나, 포도, 사과'는 바다에서 얻을 수 없으므로 ②번도 잘못된 추론이에요. ④번은 바나나와 새우가 길쭉한 모양이므로 잘못된 추론이에요. 제시한 낱말들에서 '바나나, 포도, 사과'는 과일이고, '조개, 새우, 게'는 해산물이에요. 그러므로 '과일과 해산물이 함께 있다.'라고 추론한 ③번이 올바른 추론이에요.

이어 **생각하기**

해산물 중에서 받침이 없는 낱말을 이어서 (　　)에 쓰세요.

다시마, 파래, 주꾸미, (　　　　　　　　)

자음자

가지　나무딸기　도토리　레몬　모과　복숭아　사과

앵두　자두　참외　콩　토마토　포도　호박

위의 낱말들을 읽고 알맞게 추론한 문장을 고르세요.

① 모두 씨가 있는 과일입니다.

② 모두 두 글자로 이루어진 낱말입니다.

③ 모두 식물의 열매입니다.

④ 모두 새콤한 맛이 납니다.

제시한 낱말들은 모두 식물의 열매예요. 복숭아, 사과, 자두 등의 과일과 가지, 호박 등의 채소는 모두 식물의 열매예요. 그러므로 ③번이 올바른 추론이에요. ①번은 '가지, 완두콩, 토마토, 호박' 등이 채소이므로 잘못된 추론이며, ②번은 '나무딸기, 도토리, 복숭아, 콩, 토마토'처럼 두 글자가 아닌 낱말이 있으므로 잘못된 추론이에요. ④번은 '가지, 도토리, 참외, 콩, 호박'처럼 새콤하지 않은 것도 포함되어 있어서 잘못된 추론이에요.

혹시 제시된 낱말들의 첫 글자가 한글 자음자(ㄱ ㄴ ㄷ ㄹ ㅁ ㅂ ㅅ ㅇ ㅈ ㅊ ㅋ ㅌ ㅍ ㅎ)의 순서대로 쓰여 있다는 것을 추론하지는 않았나요? 그래서 제시된 낱말들의 제목이 '자음자'임을 알아차렸다면 추론 능력이 뛰어난 사람이에요.

이어 생각하기

첫 글자가 한글 자음자의 순서대로 쓰이게끔 낱말을 이어서 (　　)에 쓰세요.

구름　나물　다람쥐　라면　미역　병원　사탕　얼음
자리　(　　　)　칼　타조　파리　한국

학교 책상

준수는 국어 수업이 끝나자, 책을 모두 책상 속에 넣고 밖으로 나갔습니다.

위의 글을 읽고 알맞게 추론한 문장을 고르세요.

① 준수는 책을 사물함에 넣었습니다.

② 준수는 책을 책가방에 넣었습니다.

③ 준수는 책을 책상 위에 두고 나갔습니다.

④ 준수의 책상에는 책을 넣는 곳이 있습니다.

글에 "책을 모두 책상 속에 넣고 밖으로 나갔습니다."라고 쓰여 있으므로 준수의 책상에는 책을 넣는 곳이 있음을 추론할 수 있어요. 따라서, ④번이 올바른 추론이에요. ①번은, 사물함에 책을 넣었다는 내용이 없으므로 잘못된 추론이며, ②번도 책을 책가방에 넣었다는 내용이 없으므로 잘못된 추론이에요. 그리고 ③번은 준수가 책을 책상 위에 두지 않았기 때문에 틀린 추론이에요.

이어 생각하기

준수는 국어 수업이 끝나고 어떤 책을 책상 속에 넣었을까요? (　　)에 쓰세요.

(　　　　　　　　　　　　)*

* 국어 수업을 할 때 어떤 책을 사용하는지를 생각해 보세요.

모음자

바지

치마

오리

저고리

주머니

고라니

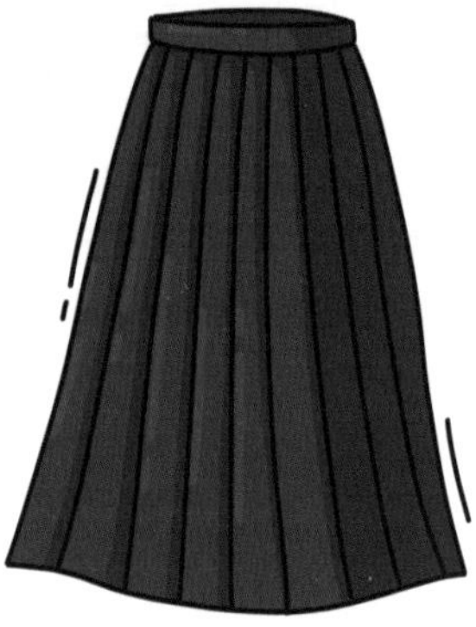

위의 낱말들을 읽고 알맞게 추론한 문장을 고르세요.

① 모두 운동할 때 필요한 물건입니다.

② 모두 살아서 움직이는 생물입니다.

③ 모두 사람들이 이용하는 옷입니다.

④ 모두 모음자 ‘ㅣ’가 들어 있는 낱말입니다.

제시한 낱말 중 '오리, 고라니'는 운동할 때 필요한 물건이 아니므로 ①번은 잘못된 추론이에요. ②번도 '오리, 고라니'는 생물이지만, 나머지 낱말들은 생물이 아니라 물건이므로 잘못된 추론이에요. ③번은 '바지, 치마, 저고리'는 옷이지만 '오리'와 '고라니'는 생물이므로 잘못된 추론이에요. 왜 ④번이 올바른 추론일까요? 제시된 낱말인 '바지, 치마, 오리, 저고리, 주머니, 고라니'는 모두 모음자 'ㅣ'가 포함된 낱말이기 때문이에요.

이어 **생각하기**

아래의 모음자가 포함된 낱말들을 (　　)에 쓰세요.

ㅏ (　　　　　　)　　　ㅑ (　　　　　　)

ㅓ (　　　　　　)　　　ㅕ (　　　　　　)

ㅗ (　　　　　　)　　　ㅛ (　　　　　　)

ㅜ (　　　　　　)　　　ㅠ (　　　　　　)

ㅡ (　　　　　　)　　　ㅣ (　　　　　　)

학교야

학교야, 학교야, 혼자 자는 학교야.

학교야, 학교야, 밤에 무섭지 않니?

학교야, 학교야, 잘 자고 아침에 만나자.

위의 글을 읽고 알맞게 추론한 문장을 고르세요.

① 학교는 항상 혼자서 밥을 먹습니다.

② 학교는 놀이터에서 놀고 싶어 합니다.

③ 학교는 밤에 혼자서 달리기합니다.

④ 학교는 아무 말도 하지 않습니다.

앞의 시는 학교를 사람에 비기어 표현하고 있지만, 시에서 학교는 아무런 대답을 하지 않았어요. 그래서 ④번이 올바른 추론이에요. ①번은, 학교가 혼자서 밥을 먹는다는 내용이 전혀 언급되지 않았으므로 잘못된 추론이에요. ②번도 학교가 놀이터에서 놀고 싶어 한다는 내용이 없으므로 잘못된 추론이에요. ③번은 "밤에 무섭지 않니?"라는 질문이 있지만, 학교가 밤에 혼자서 달리기한다고 추론하는 것은 적절하지 않으므로 잘못된 추론이에요.

이어 생각하기

학교를 사람에 빗대어 표현해 보세요.

나: 학교야, 학교야, 오늘은 내 옆에서 자라.

학교: ( )*

* '학교'는 '나'에게 어떤 대답을 하고 싶을까요? 자유롭게 생각하세요.

두 글자

과자

기와

사과

꽈리

위의 낱말들을 읽고 알맞게 추론한 문장을 고르세요.

① 모두 한 글자로 이루어진 낱말입니다.

② 모두 음식과 관련된 낱말입니다.

③ 모두 뒷글자의 모음자가 'ㅏ'입니다.

④ 모두 모음자 'ㅘ'가 들어 있는 낱말입니다.

제시한 낱말들은 글자가 모두 한 글자가 아닌 두 글자이므로 ①번은 잘못된 추론이에요. ②번은 '기와'는 음식과 관련이 없으므로 잘못된 추론이에요. ③번은 '꽈리'의 뒷글자는 'ㅣ'이므로 잘못된 추론이에요. 제시된 낱말들(과자, 기와, 사과, 꽈리)은 모두 모음자 'ㅘ'가 들어 있어요. 그러므로 ④번이 올바른 추론이에요.

이어 **생각하기**

모음자 'ㅢ'가 들어 있는 낱말을 아는 대로 이어서 (　)에 쓰세요.

의자, 무늬, (　　　　　　　　　　)*

* '병을 고치는 직업', '말의 뜻', '어떤 대상에 관한 생각' 등을 뜻하는 낱말들도 생각해 보세요.

오, 와

오

와

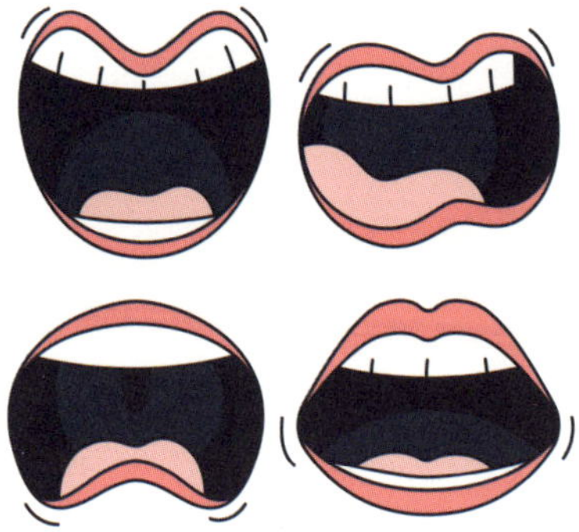

위의 낱말들을 읽고 알맞게 추론한 문장을 고르세요.

① 모두 모음자 'ㅗ'가 들어 있는 낱말입니다.

② 모두 두 글자로 이루어진 낱말입니다.

③ 모두 발음할 때 입술 모양이 같은 낱말입니다.

④ 모두 감탄하는 말로 쓸 수 있는 낱말입니다.

①번은 '오'에는 'ㅗ'가 포함되어 있지만, '와'에는 'ㅗ'가 아니라 'ㅘ'가 들어 있어서 잘못된 추론이에요. ②번은 두 글자가 아닌 한 글자로 이루어진 낱말이므로 잘못된 추론이에요. 그리고 '오'를 발음할 때와 '와'를 발음할 때는 입술의 모양이 달라요. '오'를 발음할 때 입술 모양이 더 오므라져요. 그래서 ③번은 잘못된 추론이에요. ④번은 알맞은 추론이에요. '오'와 '와'는 마음속 깊이 느끼어 탄복하는 마음을 나타낼 때 쓰는 낱말이기 때문이에요.

이어 **생각하기**

다음 중에서 놀람이나 느낌, 부름, 응답을 나타내는 '감탄사'로 사용하지 않는 낱말에 ×표하세요.

오호 ( )

응 ( )

아하 ( )

히히 ( )

벌, 별

벌

별

벽

병

벗

위의 낱말들을 읽고 알맞게 추론한 문장을 고르세요.

① 모두 글자의 받침이 똑같습니다.

② 모두 'ㅂ'으로 시작하는 낱말입니다.

③ 모두 만들 수 있는 물건입니다.

④ 모두 모음자 'ㅕ'가 들어 있는 낱말입니다.

제시한 낱말들의 받침이 'ㄹ ㄱ ㅇ ㅅ'이므로 ①번은 잘못된 추론이에요. ③번은 '벗'은 물건이 아닌 낱말이므로 잘못된 추론이에요. '벗'은 친하게 지내는 친구를 뜻하는 낱말이에요. 또한 제시된 낱말들의 모음자가 'ㅓ'와 'ㅕ'이므로 ④번도 잘못된 추론이에요. 반면에 제시된 낱말들 '벌, 별, 벽, 병, 벗'은 모두 첫 글자가 자음자 'ㅂ'이므로 ②번이 올바른 추론이에요.

이어 **생각하기**

아래의 낱말들을 보고 같은 자음자로 된 받침을 찾아 (   )에 쓰세요.

불: 꿀, 줄 (   )

끈: 돈, 선 (   )

몸: 맘, 밤 (   )

밥: 집, 삽 (   )

바른 자세

선생님께서 말씀하실 때는 선생님을 바라보아야 합니다. 선생님의 말씀을 들을 때는 허리를 곧게 세우고 바른 자세로 앉아야 합니다. 궁금한 점이 있으면 손을 들고 질문해야 합니다. 질문할 때는 알맞은 크기의 목소리로 또박또박 말해야 합니다.

위의 글을 읽고 알맞게 추론한 문장을 고르세요.

① 말하는 사람을 바라보면 말을 잘 들을 수 있습니다.

② 허리를 굽히고 앉으면 말하는 사람이 하는 말을 잘 들을 수 있습니다.

③ 질문할 때는 옆에 있는 짝이 들을 수 있는 목소리로 말합니다.

④ 선생님께 질문할 때는 매우 빠르게 말합니다.

앞의 글에서 "선생님께서 말씀하실 때는 선생님을 바라보아야 합니다."라고 한 까닭은 말하는 사람을 바라보는 것이 말하는 사람의 말을 잘 이해하는 데 도움이 되기 때문이에요. 그러므로 ①번이 올바른 추론이에요. ②번은, 허리를 굽히고 앉으면 선생님을 바라보기 어렵기 때문에 잘못된 추론이에요. ③번은, 질문할 때 '옆에 있는 짝이 들을 수 있는 목소리'로 말하면 멀리 앉은 친구들은 잘 들을 수 없어서 잘못된 추론이에요. ④번은, '매우 빠르게 말합니다.'라는 내용은 알맞지 않은 추론이에요. '또박또박' 말하려면 천천히 말하는 게 좋아요.

이어 **생각하기**

수업 시간의 또 다른 '바른 태도'를 생각하여 (　　)에 쓰세요.

◦ 수업 시작 전에 미리 책을 편다.

◦ (　　　　　　　　　　　　　　　　　　　　　　)

밥

알밤 한 톨이 떨어졌다.

데굴데굴

멧돼지 밥이다.

도토리 한 톨이 떨어졌다.

데굴데굴

다람쥐 밥이다.

위의 글을 읽고 알맞게 추론한 문장을 고르세요.

① 멧돼지는 알밤만 먹고 삽니다.

② 알밤은 다람쥐가 싫어하는 음식입니다.

③ 알밤과 도토리는 모두 둥글둥글합니다.

④ 알밤과 도토리는 같은 나무의 열매입니다.

'멧돼지는 알밤만 먹고 삽니다.'라는 내용은 글에 없으므로 ①번은 잘못된 추론이에요. 멧돼지는 모든 음식을 잘 먹어요. 그리고 '알밤은 다람쥐가 싫어하는 음식입니다.'라는 추론을 뒷받침할 만한 정보가 글에 없으므로 ②번도 잘못된 추론이에요. 다람쥐도 알밤을 좋아해요. 그리고 알밤은 밤나무의 열매이고 도토리는 참나무의 열매예요. '같은 나무의 열매'라고 한 ④번도 잘못된 추론이에요. 글에서 알밤과 도토리가 떨어져 '데굴데굴' 구르는 것을 보면 알밤과 도토리가 둥글둥글한 열매임을 추론할 수 있어요. 그러므로 ③번이 올바른 추론이에요.

이어 생각하기

앞의 글에 있는 제목을 생각하며 ( )에 낱말을 써서 시를 완성하세요.

엄마가 김치를 들기름에 볶으신다.

엄마가 달걀을 참기름에 지지신다.

꼬르륵

오늘 ( )은 김치볶음밥이다.

장

장

간장

된장

고추장

위의 낱말들을 읽고 알맞게 추론한 문장을 고르세요.

① '장'은 '간장', '된장', '고추장'을 포함하는 낱말입니다.

② '간장'은 '장', '된장', '고추장'을 포함하는 낱말입니다.

③ '된장'은 '장', '간장', '고추장'을 포함하는 낱말입니다.

④ '고추장'은 '장', '간장', '된장'을 포함하는 낱말입니다.

'장'은 '간장, 된장, 고추장'을 통틀어 이르는 말이에요. 그러므로 '장'은 '간장, 된장, 고추장'을 **포함하는 낱말**이에요. 이 말을 다르게 표현하면, '간장', '된장', '고추장'은 '장'에 **포함되는 낱말**이에요. 그래서 ②번, ③번, ④번은 잘못된 추론이에요. ①번이 올바른 추론이에요.

이어 **생각하기**

'장'이 들어가는 음식을 생각나는 대로 ( )에 쓰세요.

된장: ( )*

간장: ( )*

고추장: ( )*

* 부모님, 할아버지, 할머니께서 좋아하시는 찌개나 반찬을 머릿속에 떠올려 보세요.

장소와 사물

교실

운동장

태극기

미끄럼틀

위의 낱말들을 읽고 알맞게 추론한 문장을 고르세요.

① 학교에 있는 사물과 장소를 나타내는 말입니다.

② 물건의 위치를 나타내는 말입니다.

③ 물건의 움직임을 나타내는 말입니다.

④ 물건의 성질을 나타내는 말입니다.

'교실, 운동장, 태극기, 미끄럼틀'은 일정한 곳에 자리를 차지하지만, 위치를 나타내는 낱말은 아니에요. 그러므로 ②번은 잘못된 추론이에요. ③번은, '교실, 운동장, 태극기, 미끄럼틀'이 물건의 움직임(동작)을 나타내는 낱말이 아니므로 잘못된 추론이에요. ④번은, '교실, 운동장, 태극기, 미끄럼틀'에 물건의 성질(예: 차갑다, 부드럽다 등)이 나타나 있지 않으므로 잘못된 추론이에요. 그리고 제시된 낱말들은 모두 학교에 있는 사물(태극기, 미끄럼틀)과 장소(교실, 운동장)이므로 ①번이 올바른 추론이에요.

이어 **생각하기**

교실에 있는 사물들을 생각나는 대로 (　)에 쓰세요.

칠판, 책상, 의장, 책, 연필, 가방, 컴퓨터,

그리고 (　　　　　　　　)

ㄲ ㄸ ㅃ ㅆ ㅉ

꽃

쌀

까치

딸기

빨래

찌개

위의 낱말들을 읽고 알맞게 추론한 문장을 고르세요.

① 모두 먹을 수 있는 음식의 이름입니다.

② 모두 된소리가 들어간 낱말입니다.

③ 모두 동물을 나타내는 낱말입니다.

④ 모두 시장에서 살 수 있는 것입니다.

①번은, '까치, 빨래'는 먹을 수 있는 음식이 아니므로 잘못된 추론이에요. ③번은, 제시된 낱말에 동물(까치)도 있지만, 나머지는 동물이 아니므로 잘못된 추론이에요. ④번은, '까치'와 '빨래'는 시장에서 살 수 없으므로 잘못된 추론이에요. 그리고 주어진 낱말들은 모두 된소리(ㄲ, ㄸ, ㅃ, ㅆ, ㅉ)가 포함된 낱말이에요. 그러므로 ②번이 올바른 추론이에요. 꽃은 'ㄲ'을 포함하고, 쌀은 'ㅆ'을 포함하고, 까치는 'ㄲ'을 포함하고, 딸기는 'ㄸ'을 포함하며, 빨래는 'ㅃ'을 포함하고, 찌개는 'ㅉ'을 포함해요. 된소리는 강한 느낌을 줘요.

이어 **생각하기**

'된소리'가 들어간 낱말을 ( )에 쓰세요.

깍두기, 땅콩, 뽀뽀, 쓰레기, 짜장면,

그리고 ( )*

* 'ㄲ, ㄸ, ㅃ, ㅆ, ㅉ'이 포함된 낱말을 생각해 보세요.

오리

엄마 오리 뒤뚱뒤뚱
아기 오리 뒤뚱뒤뚱

엄마 오리, 아기 오리
구름 입고 퐁당퐁당

엄마 오리 둥둥
아기 오리 둥둥

위의 시를 읽고 알맞게 추론한 문장을 고르세요.

① 오리들은 땅에서 걸어 다니기만 합니다.

② 오리들은 물에서 구름처럼 떠다닙니다.

③ 오리들은 하늘을 날고 있습니다.

④ 오리들은 나뭇가지에 앉아 있습니다.

①번은, 오리들이 땅에서 걸어 다니지만(뒤뚱뒤뚱), 이후에 물에도 들어가니(퐁당퐁당/둥둥) 잘못된 추론이에요. ③번은, 오리는 날 수 있는 동물이지만, 앞의 시에서는 나는 장면은 없으므로 잘못된 추론이에요. ④번도, 시에 나오지 않는 내용이므로 잘못된 추론이에요. 반면에, 시의 앞부분에서 땅을 걸어 다니던 오리들이 물에 들어가서(퐁당퐁당/둥둥), 구름처럼 둥둥 떠다니는 것을 추론할 수 있으므로 ②번이 올바른 추론이에요.

이어 **생각하기**

앞의 시에 이어서, 하늘을 나는 오리의 모습을 상상하여 ( )에 쓰세요.

엄마 오리 ( )
아기 오리 ( )

엄마 오리 훨훨
아기 오리 활활

어떤 낱말들

눈	어깨	손가락
귀	가슴	종아리
코	다리	발가락
입	머리	콧구멍
배	무릎	손바닥
손	손톱	
발		
팔		

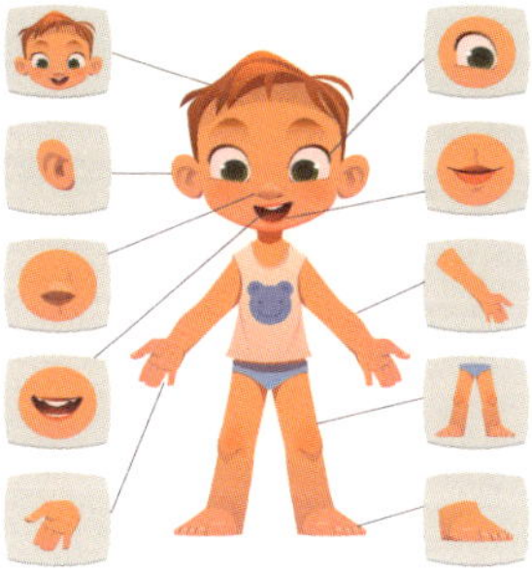

위의 낱말들을 읽고 알맞게 추론한 문장을 고르세요.

① 모두 얼굴에 있는 부분입니다.

② 모두 우리 몸의 일부분입니다.

③ 모두 손과 발과 관련된 것입니다.

④ 모두 뼈가 있는 몸의 부분입니다.

제시한 낱말 중에서 '눈, 귀, 코, 입'은 얼굴에 있지만, '배, 손, 발, 다리'는 그렇지 않으므로 ①번은 잘못된 추론이에요. ③번은, '손바닥, 발가락, 손가락' 등은 손과 발에 관련된 것도 있지만, '배, 가슴, 어깨'는 그렇지 않으므로 잘못된 추론이에요. ④번도, '눈, 귀, 입, 배, 손톱, 콧구멍'에는 뼈가 없으므로 잘못된 추론이에요. 반면에, 제시된 낱말들은 모두 우리 몸을 이루는 일부분이에요. 그러므로 ②번이 올바른 추론이에요.

이어 **생각하기**

( )에 들어갈 우리 몸의 일부분을 쓰세요.

얼굴에는 눈, 코, 입, ( )* 등이 있어요.

손에는 손가락, 손바닥, ( )* 등이 있어요.

다리에는 무릎, 발가락, ( )* 등이 있어요.

* 듣기, 씹기, 핥기 등을 할 수 있는 몸의 일부와 손바닥의 뒷면, 손과 발의 끝부분, 땅을 딛는 부분 등을 생각해 보세요.

동작

걷다	먹다
듣다	잡다
보다	던지다
맡다	만지다

위의 낱말들을 읽고 알맞게 추론한 문장을 고르세요.

① 모두 손으로 하는 행동입니다.

② 모두 우리 몸의 움직임을 나타내는 말입니다.

③ 모두 눈으로 하는 행동입니다.

④ 모두 소리를 듣는 행동입니다.

제시한 낱말 가운데 '듣다, 보다, 맡다'는 손이 아닌 귀, 눈, 코로 하는 동작이므로 ①번은 잘못된 추론이에요. ③번은, '보다'만 눈으로 하는 움직임이고, 나머지는 다른 신체로 하는 동작이므로 잘못된 추론이에요. ④번도, '듣다'만 소리를 듣는 활동이며, 나머지는 다른 감각과 관련이 있으므로 잘못된 추론이에요. 반면에, 주어진 낱말들은 모두 우리 몸을 움직여서 하는 동작과 활동을 나타내요. 다리를 움직여 걷고, 귀로 집중해서 들어요. 입을 움직여서 음식을 먹고 손을 움직여서 물건을 잡아요. 그래서 ②번이 올바른 추론이에요.

이어 **생각하기**

우리 몸의 동작을 ( )에 이어서 쓰세요.

손으로 하는 행동: 잡다, 던지다, ( )

발로 하는 행동: 걷다, 뛰다, ( )

입으로 하는 행동: 먹다, 말하다, ( )

방 청소

영수는 학교에서 돌아오면 집에서 입는 옷으로 갈아입습니다. 외출복은 자기 방에 있는 옷걸이에 걸어 놓습니다. 그리고 영수는 자기 방을 청소합니다.

위의 글을 읽고 알맞게 추론한 문장을 고르세요.

① 영수는 외출복을 바닥에 놓아둡니다.

② 영수는 방을 매일 어지럽힙니다.

③ 영수는 하교 후에 자기 방을 정리합니다.

④ 영수는 자기 방을 청소하지 않습니다.

①번은, 영수는 외출복을 바닥이 아니라 옷걸이에 걸어 놓으므로 잘못된 추론이에요. ②번은, 영수는 방을 어지럽히지 않고 깨끗이 청소하므로 잘못된 추론이에요. ④번은, 글에서 "영수는 자기 방을 청소합니다."라는 문장이 나와 있으므로 잘못된 추론이에요. 그리고 글을 보면, 영수는 학교에서 돌아오면(하교 후에) 자기 방을 청소하는 습관이 있음을 알 수 있어요. 아침에는 바쁘니까 학교에 다녀온 뒤에 자기 방을 청소하는 거예요. 그래서 ③번이 올바른 추론이에요.

이어 생각하기

방을 깨끗하게 정리하는 방법을 (   )에 쓰세요.

옷은 (   )에 걸어둡니다.

쓰레기는 (   )에 버립니다.

책은 (   )에 정리해 둡니다.

방바닥은 (   )로 깨끗이 닦습니다.

와플과 붕어빵

고소한 냄새가 모락모락
와플 아저씨가 만든 와플
동생이 한입에 베어 물고
맛있다 맛있어

고소한 냄새가 모락모락
붕어빵 아저씨가 만든 붕어빵
내가 한입에 베어 물고
맛있다 맛있어

위의 시를 읽고 알맞게 추론한 문장을 고르세요.

① 나는 와플을 먹었습니다.

② 동생은 붕어빵을 먹었습니다.

③ 와플 아저씨는 붕어빵을 만듭니다.

④ 와플과 붕어빵은 맛있습니다.

제시된 시에서 와플을 먹은 사람은 '나'가 아니라 '동생'이므로 ①번은 잘못된 추론이에요. 그리고 '동생'이 먹은 것은 '붕어빵'이 아니라 '와플'이므로 ②번도 잘못된 추론이에요. 또한 와플 아저씨는 '붕어빵'이 아니라 '와플'을 만들기 때문에 ③번도 잘못된 추론이에요. 반면에, 글에서 와플과 붕어빵에서 고소한 냄새가 모락모락 피어났다고 표현했어요. 그리고 고소한 냄새가 나는 와플과 붕어빵이 맛있다고 했어요. 그러므로 ④번이 올바른 추론이에요.

이어 생각하기

길거리에서 사 먹는 간식의 이름을 (　)에 쓰세요.

단팥이 들어 있는 따뜻한 찐(　).

매콤한 양념으로 버무린 떡(　)이.

설탕을 불에 녹여 만든 솜(　　).

물건들

책상	시계
의자	교과서
칠판	태극기
공책	쓰레기통

위의 낱말들을 읽고 알맞게 추론한 문장을 고르세요.

① 모두 집에 꼭 필요한 물건입니다.

② 모두 글을 쓰는 데 사용하는 물건입니다.

③ 모두 교실에 있는 물건입니다.

④ 모두 학교 운동장에 있는 물건입니다.

제시한 낱말 가운데 '칠판'은 집에 꼭 필요한 물건은 아니므로 ①번은 잘못된 추론이에요. 그리고 '공책, 교과서, 책상, 의자, 칠판'은 글을 쓰는 데 사용하지만, '시계, 쓰레기통, 태극기'는 그렇지 않으므로 ②번도 잘못된 추론이에요. ④번은, 학교 운동장에 '책상, 칠판, 공책, 교과서'는 없으므로 잘못된 추론이에요. 그리고 제시된 낱말들(책상, 의자, 칠판, 공책, 시계, 교과서, 태극기, 쓰레기통)은 모두 교실에 있는 물건이에요. 그러므로 ③번이 올바른 추론이에요.

이어 **생각하기**

( )는 교실에 있는 물건들이에요. ( )에 알맞은 낱말을 쓰세요.

( )에 앉아서 공부해요.

( )를 보면 몇 시 몇 분인지를 알 수 있어요.

선생님께서 ( )에 글씨를 써요.

휴지는 ( )에 버려요.

참나무

갈참나무

졸참나무

굴참나무

물참나무

돌참나무

위의 낱말들을 읽고 알맞게 추론한 문장을 고르세요.

① 모두 호두 열매를 맺는 나무입니다.

② 모두 도토리가 열리는 참나무입니다.

③ 모두 물가에서 자라는 나무입니다.

④ 모두 분홍색 꽃이 피는 나무입니다.

호두 열매는 호두나무의 열매이므로 ①번은 잘못된 추론이에요. 참나무는 물가에서도 자라지만, 물가가 아닌 곳에서도 자라므로 ③번도 잘못된 추론이에요. ④번은, 참나무는 주로 잎이 무성하고 열매가 많이 열리지만, 그 꽃은 연두색이므로 잘못된 추론이에요. 그리고 제시한 나무들은 모두 참나무에 속하며, 도토리를 맺는 나무들이에요. 그러므로 ②번이 올바른 추론이에요.

이어 **생각하기**

(　　)에 알맞은 낱말을 써넣어 문장을 완성하세요.

가을이 되면 참나무에서 (　　　　　)*가 떨어져요.

다람쥐는 그 (　　　　　)*를 저장해 두고 먹어요.

그러니 숲에서 그 (　　　　　)*를 주워 가면 안 돼요.

* 참나무의 열매는 무엇일까요?

광화문

"우리, 광화문에 또 갈까?"

"그래. 거긴 전철역이 가까워서 좋아."

위의 대화를 읽고 알맞게 추론한 문장을 고르세요.

① 두 사람은 광화문을 가본 적이 없습니다.

② 대답하는 사람은 전철역과 가까운 곳을 좋아합니다.

③ 광화문 근처에는 전철역이 없습니다.

④ 두 사람은 걸어가는 것을 좋아합니다.

①번은, "우리, 광화문에 또 갈까?"를 보면 이전에 광화문을 같이 갔다는 것을 추론할 수 있으므로 잘못된 추론이에요. ③번은, 광화문 근처에는 전철역이 있으므로 잘못된 추론이에요. 광화문 근처에는 경복궁역(3호선)과 광화문역(5호선)이 있어요. ④번은, 대화에서 두 사람이 걷기를 좋아한다는 내용은 없으므로 잘못된 추론이에요. 반면에, 대화에서 대답하는 사람이 "거긴 전철역이 가까워서 좋아."라고 말했어요. 그러므로 ②번이 올바른 추론이에요.

이어 **생각하기**

(　　)에 장소를 쓰고, 친구들과 자주 가는 까닭을 쓰세요.

나는 (　　　　　　　)에서 친구들을 자주 만난다.

그곳에 가면 (　　　　　　　)을(를) 할 수 있다.

할아버지표 떡볶이

할아버지께서 떡볶이를 만들어 주시려고 어묵과 파를 썰었어요.

"이건 만지면 안 돼. 베일 수 있거든."

할아버지께서는 어묵, 파, 다진 마늘을 냄비에 넣고 끓이다가 떡과 양념장을 넣었어요. 할아버지께서 만든 할아버지표 떡볶이는 매콤달콤했어요.

위의 글을 읽고 알맞게 추론한 문장을 고르세요.

① 할아버지표 떡볶이는 매콤짭짤합니다.

② 할아버지는 떡볶이를 만들 때 칼을 사용하셨습니다.

③ 할아버지는 떡볶이에 설탕을 너무 많이 넣으셨습니다.

④ 할아버지표 떡볶이는 맵기만 합니다.

①번은, 할아버지께서 떡볶이를 만들어 주셨고, 그 맛이 매콤달콤하지, 매콤짭짤하지 않으므로 잘못된 추론이에요. ③번은, 글에는 설탕을 넣었다는 내용이 없고, '매콤달콤했다.'라고만 표현되었으므로 잘못된 추론이에요. 꿀, 조청을 넣거나 단맛 나는 조미료를 넣어서 단맛을 낼 수 있기 때문이에요. ④번은, 할아버지표 떡볶이는 '매콤달콤'했다고 썼으므로, 맵기만 한 것이 아니므로 잘못된 추론이에요. 제시한 글에서 "할아버지께서 떡볶이를 만들어 주시려고 어묵과 파를 썰었어요."라고 했어요. 무언가를 썬다는 것은 칼을 사용했다는 의미이므로, ②번이 올바른 추론이에요.

이어 **생각하기**

떡볶이를 요리할 때 넣으면 더 맛있는 음식 재료를 생각나는 대로 (　)에 쓰세요.

치즈, 삶은 계란, (　　　　　　　　　　　　)

국수

칼국수

라면

냉면

짜장면

스파게티

위의 낱말들을 읽고 알맞게 추론한 문장을 고르세요.

① 모두 뜨거운 국물에 넣어 먹는 음식입니다.

② 모두 밀가루로 만든 음식입니다.

③ 모두 면으로 만든 음식입니다.

④ 모두 한국 전통 음식입니다.

제시한 낱말 가운데 '냉면'은 차갑게 먹는 음식이므로 ①번은 잘못된 추론이에요. 또한 '냉면'은 주로 메밀가루나 고구마 가루로 만들기 때문에 ②번도 잘못된 추론이에요. 그리고 낱말 중에서 '스파게티'는 이탈리아 음식이므로 한국 전통 음식은 아니에요. 그러므로 ④번도 잘못된 추론이에요. 주어진 낱말들은 모두 '면'으로 만들어진 음식이에요. '면'은 '국수'예요. '칼국수, 라면, 냉면, 짜장면, 스파게티' 모두 '면'에 포함되어요. 그러므로 ③번이 올바른 추론이에요.

이어 **생각하기**

아래의 낱말 가운데 국물에 넣어 먹는 면은 무엇인가요? ( ) 에 쓰세요.

라면, 짜장면, 짬뽕, 스파게티, 비빔냉면, 잔치국수

( )

소풍과 김밥

내가 소풍 가는 날에는 아빠가 김밥을 쌉니다. 아빠는 김을 준비합니다. 채로 썬 우엉을 조리고 햄도 볶습니다. 계란 지단도 만들고 단무지도 준비합니다. 시금치와 오이도 준비합니다.

위의 글을 읽고 알맞게 추론한 문장을 고르세요.

① 소풍 가는 장소를 설명한 글입니다.

② 김밥을 만드는 방법을 설명한 글입니다.

③ 김밥을 만드는 재료를 설명한 글입니다.

④ 아빠가 하는 일을 설명한 글입니다.

글에서 소풍 가는 장소는 밝히지 않았으므로 ①번은 잘못된 추론이에요. 제시된 글에서 김밥 만드는 방법에 대하여 설명한 내용은 없으므로 ②번도 잘못된 추론이에요. 그리고 제시된 글은 아빠의 김밥 만들기를 언급하고 있지만, 주로 김밥 재료에 초점이 맞춰져 있으므로 ④번도 잘못된 추론이에요. 반면에, 제시된 글은 아빠가 김밥을 만들기 위해 필요한 재료들을 늘어놓고 있어요. 아빠가 준비한 것(김, 우엉, 햄, 계란, 단무지, 시금치, 오이)은 모두 김밥을 만드는 데 필요한 재료들이에요. 그러므로 ③번이 올바른 추론이에요.

이어 생각하기

김밥을 만드는 순서를 알맞게 쓴 문장에 ○표하세요.

김 위에 밥을 깔고, 우엉, 햄, 계란, 단무지를 얹는다. (　　)

밥 위에 김을 덮고, 우엉, 햄, 계란, 단무지를 얹는다. (　　)

김 위에 우엉, 햄, 계란, 단무지를 얹고 밥을 깐다. (　　)

찌개

김치찌개 부대찌개

된장찌개 생선찌개

동태찌개 고추장찌개

두부찌개

위의 낱말들을 읽고 알맞게 추론한 문장을 고르세요.

① 모두 한국 전통 음식입니다.

② 모두 국물이 있는 음식입니다.

③ 모두 매운 음식입니다.

④ 모두 볶은 음식입니다.

제시한 낱말 중에서 '부대찌개'는 한국 전통 음식이 아니라, 1960년대 경기도 의정부 미군 부대 근처에서 만들어진 퓨전 음식이므로 ①번은 잘못된 추론이에요. 또한 구수한 된장으로 만든 된장찌개는 매운 음식이 아니므로 ③번도 잘못된 추론이에요. 그리고 찌개는 프라이팬에 '볶는 요리'가 아니라 냄비나 뚝배기에 '끓이는 요리'이므로 ④번도 잘못된 추론이에요. 제시된 낱말들은 모두 국물이 있는 음식이에요. 물을 많이 넣고 만드는 '국'보다는 국물이 적지만, '찌개'에도 국물이 있어요. 그러므로 ②번이 올바른 추론이에요.

이어 **생각하기**

'찌개'와 '탕'의 뜻풀이입니다. (　　)에 공통된 낱말을 쓰세요.

'찌개'는 '국'보다는 (　　)을 조금 넣고 고기, 생선, 채소, 두부 따위를 넣고 여러 양념을 해 끓인 음식이며, '탕'은 고기, 생선, 채소 따위에 (　　)을 많이 붓고 간을 맞춰 끓인 음식이다.

곳

빵집
병원
약국
은행
소방서
철물점
슈퍼마켓

위의 낱말들을 읽고 알맞게 추론한 문장을 고르세요.

① 모두 먹을거리를 판매하는 곳입니다.

② 모두 사람들이 쉬는 곳입니다.

③ 모두 도시에 있는 곳입니다.

④ 모두 나라에서 운영하는 곳입니다.

제시된 장소 가운데 ‘빵집’과 ‘슈퍼마켓’ 외에는 먹을거리를 판매하지 않으므로 ①번은 잘못된 추론이에요. ②번은, 제시된 장소 가운데 사람들이 쉬는 곳이 아닌 곳이 많으므로 잘못된 추론이에요. ④번은, ‘소방서’는 나라에서 운영하지만, 나머지는 그렇지 않으므로 잘못된 추론이에요. 그리고 제시된 장소들은 모두 도시에서 볼 수 있는 곳이에요. 그러므로 ③번이 올바른 추론이에요.

이어 생각하기

앞에 제시된 장소 가운데 ‘몸이 아플 때 찾아가는 곳’은 어디인가요? (　　)에 그 두 곳을 쓰세요.

(　　　　　　)

(　　　　　　)

학교 가는 길

학교 가는 길에 글자를 공부해요.

'어린이 보호 구역'을 읽고, 어른들께 감사해요.

학교 가는 길에 그림 공부를 해요.

'횡단보도 화살표'를 읽고, 오른쪽으로 건너요.

위의 글을 읽고 알맞게 추론한 문장을 고르세요.

① 모두 글자와 그림을 공부하는 내용입니다.

② 모두 보행 안전에 관한 내용입니다.

③ 모두 학교에 가는 방법을 설명한 내용입니다.

④ 모두 어른들에게 감사하는 내용입니다.

앞의 글은 글자와 그림을 공부하는 목적으로 쓰인 것이 아니므로 ①번은 잘못된 추론이에요. 또 글에는 학교에 가는 방법을 설명하는 내용이 없으므로 ③번도 잘못된 추론이에요. 또 글쓴이는 어른들께 감사하기도 하지만, 글의 중심 내용은 보행 안전에 관한 것이므로 ④번도 잘못된 추론이에요. 이렇게, 제시된 글은 학교에 가는 길의 안전과 관련된 내용을 담고 있어요. 즉, 글쓴이는 '어린이 보호 구역'과 '횡단보도 화살표'를 언급하며 보행 안전을 강조하고 있어요. 그러므로 ②번이 올바른 추론이에요.

이어 **생각하기**

횡단보도를 건널 때 오른쪽으로 건너야 하는 까닭으로 알맞게 설명한 문장*에 밑줄 치세요.

횡단보도의 오른쪽이 넓기 때문이다.

횡단보도의 왼쪽은 건너편 보행자를 위한 길이기 때문이다.

횡단보도의 오른쪽으로는 자동차가 지나지 않기 때문이다.

횡단보도의 왼쪽은 길이 막혀 있기 때문이다.

* 우리나라에서 정한 자동차와 보행자의 진행 방향은 '오른쪽'입니다.

별똥

집에 오는 길에
애기똥풀도 보고
쥐똥나무도 보고
옆집 황소 똥도 보고
앞집 토끼 똥도 보고
뒷집 염소 똥도 보고
덕성이네 강아지 똥도 보았다.
오늘 밤에는 별똥도 볼 수 있을까?

위의 글을 읽고 알맞게 추론한 문장을 고르세요.

① 동물과 식물을 설명하는 내용입니다.

② 본 것과 볼 것을 말하는 내용입니다.

③ 집에 오는 길에서 별똥을 보았습니다.

④ 모두 동네 이웃들을 설명하는 내용입니다.

앞의 글에는 동물과 식물이 나오지만, 동물과 식물을 설명하는 글은 아니므로 ①번은 잘못된 추론이에요. 글의 내용은 대부분 집에 오는 길에서 본 것들이지만, 밤에 볼 수도 있는 '별똥'은 아직 보지 못했으므로 ③번도 잘못된 추론이에요. 그리고 애기똥풀, 쥐똥나무, 황소 똥, 토끼 똥, 염소 똥, 강아지 똥, 별똥을 동네 이웃이라고 보기 어려우므로 ④번도 잘못된 추론이에요. 반면에, 제시된 글은 집에 오는 길에 본 것과 밤에 볼 것을 말하고 있어요. 그러므로 ②번이 올바른 추론이에요.

이어 **생각하기**

방과 후, 집에 오는 길에 자주 볼 수 있는 것들은 무엇인가요?
(　)에 이어서 쓰세요.

교문, 가로수, 신호등, (　　　　　　　　　　　　)

인사

하율이가 교문을 들어섰어요.

"보안관님, 안녕하세요?"

학교 보안관님도 인사해요.

"하율아, 안녕?"

하율이가 인사해요.

"미영아, 안녕?"

미영이도 인사해요.

"하율아, 안녕?"

위의 글을 읽고 알맞게 추론한 문장을 고르세요.

① 모두 친구끼리 인사합니다.

② 모두 아이가 어른에게 인사합니다.

③ 모두 동네에서 일어나는 일입니다.

④ 모두 학교에서 일어나는 일입니다.

①번은, 학교 보안관님은 어른이므로 친구끼리 하는 인사가 아니므로 잘못된 추론이에요. ②번은, 어린이끼리의 인사가 포함되어 있으므로 잘못된 추론이에요. ③번은, 동네에서 나누는 인사가 아니므로 잘못된 추론이에요. 제시된 글은 학교에서 대화하는 인사 장면을 나타내고 있으며, 하율이와 보안관님, 미영이 모두 학교에서 인사를 주고받고 있어요. 그러므로 ④번이 올바른 추론이에요.

이어 **생각하기**

학교나 동네에서 만난 사람에게 인사를 주고받으면 좋은 점을 (　　)에 쓰세요.

인사를 받은 사람이 기분이 좋아진다.

인사를 받은 사람의 기분 좋아져서 인사한 사람도 기분 좋아진다.

(　　　　　　　　　　　　　　　　　　　　　　　　　)

강아지의 인사

옆집 강아지 미루는 10살이래요. 나보다 나이가 많아요. 그래서

"안녕하십니까?"라며 인사했더니

"멍멍."하며 인사하네요.

그래서 나도

"안녕?"이라고 인사했더니

"왈왈."하며 인사하네요.

위의 글을 읽고 알맞게 추론한 문장을 고르세요.

① 강아지의 품종을 설명하는 내용입니다.

② '나'는 강아지와 대화할 수 있습니다.

③ '미루'는 여러 가지 인사말로 말합니다.

④ 인사는 서로의 감정을 표현하는 방법입니다.

앞의 글에는 강아지의 품종을 설명하는 내용은 없으므로 ①번은 잘못된 추론이에요. ②번은, 강아지는 사람과 언어로 대화할 수 없으므로 잘못된 추론이에요. ③번은, 강아지 미루가 "멍멍.", "왈왈."하며 짖었지만, 그 소리가 인사말이라고 단정할 수 없으므로 잘못된 추론이에요. 반면에 제시된 글은 아이와 강아지가 반가워하는 감정을 표현하는 장면을 잘 보여줘요. 아이는 "안녕하십니까?"와 "안녕?"이라며 강아지에게 인사해요. 강아지 미루의 반응인 "멍멍."과 "왈왈."은 아이에게 알은체하는 거예요. 그러므로 ④번이 올바른 추론이에요.

이어 **생각하기**

앞의 글에서 강아지 대신 '고양이'였다면 그 고양이는 아이에게 어떤 소리로 대답했을까요? (   )에 쓰세요.

(   )

상대를 위하는 말

미안해.

미안합니다.

고마워.

고맙습니다.

축하해.

축하합니다.

위의 어휘들을 읽고 알맞게 추론한 문장을 고르세요.

① 모두 친한 친구에게 사용하는 말입니다.

② 모두 감사의 의미가 담긴 말입니다.

③ 모두 예의를 나타내는 말입니다.

④ 모두 축하하는 의미가 포함된 말입니다.

"미안해.", "고마워.", "축하해."는 친한 친구에게 편하게 말하는 표현이지만, "미안합니다.", "고맙습니다.", "축하합니다."는 상대를 존대하는 표현이므로 ①번은 잘못된 추론이에요. 또한 "미안해.", "미안합니다."는 사과하는 말이며, "축하해.", "축하합니다."는 말 그대로 축하하는 말이므로 ②번도 잘못된 추론이에요. 그리고 "미안해.",“ 미안합니다."와 "고마워.", "고맙습니다."는 축하의 의미가 아니므로 ④번도 잘못된 추론이에요. 반면에, 제시된 문장은 '미안함, 감사함, 축하함'의 감정을 예의에 맞게 표현한 말이에요. 그러므로 ③번이 올바른 추론이에요.

이어 **생각하기**

아래의 말을 다른 비슷한말로 (　　)에 표현해 보세요.

미안합니다. → (　　　　　　　　　　)

고맙습니다. → (　　　　　　　　　　)

사슴

사슴은 연못에 비친 자신의 멋진 뿔을 보고 으스댔지만, 가느다란 다리를 탐탁지 않게 여겼어요. 그런데 포수가 나타나자, 사슴은 자신의 재빠른 다리 덕분에 도망쳤어요. 하지만 그토록 자랑하던 자신의 뿔이 나뭇가지에 걸리고 말았어요.

위의 글을 읽고 알맞게 추론한 문장을 고르세요.

① 사슴은 처음부터 자신의 다리를 소중하게 여겼습니다.

② 사슴은 자신의 뿔이 나뭇가지에 걸려 위험에 처했습니다.

③ 사슴은 빠르게 도망치지 못해 포수에게 붙잡혔습니다.

④ 사슴은 나뭇가지에 걸리지 않고 무사히 도망쳤습니다.

제시된 글에서 처음에 사슴은 자신의 다리를 탐탁지 않게 여겼으므로 ①번은 잘못된 추론이에요. 그리고 사슴은 자신의 빠른 다리로 도망쳤으므로 ③번도 잘못된 추론이에요. 그러다가 사슴은 나뭇가지에 뿔이 걸려 위험에 처했으므로 ④번도 잘못된 추론이에요. 제시된 글에서 사슴은 포수를 피해 재빠르게 도망쳤지만, 자랑하던 뿔이 나뭇가지에 걸려 위험한 상황에 빠졌어요. 그러므로 ②번이 올바른 추론이에요.

이어 생각하기

앞의 이야기에 나오는 '사슴의 뿔'* 같은 것이 자신에게도 있나요? 가만히 생각하여 ( )에 짧게 쓰세요.

(   )

* 예를 들면, 자신의 놀이나 취미 활동, 또는 재밌는 활동을 생각해 보고, 그 활동을 하는 자신의 습관을 돌이켜보세요.

아이의 생각

바람이 세차게 불며 말했다.

“나는 무엇이든 날려 버릴 수 있어!”

해가 따스하게 빛나며 말했다.

“나는 무엇이든 녹여 낼 수 있지.”

그러자 한 아이가 미소를 지으며 말했다.

“하지만 내 마음을 움직인 것은 바람도, 해도 아닌 따뜻한 이야기였어.”

위의 글을 읽고 알맞게 추론한 문장을 고르세요.

① 아이는 해가 가장 힘세다고 생각합니다.

② 아이는 바람이 가장 힘세다고 생각합니다.

③ 아이는 따뜻한 이야기가 가장 힘세다고 생각합니다.

④ 아이는 바람과 해의 이야기가 가장 힘세다고 생각합니다.

앞의 글에서 아이가 해의 힘을 가장 높게 평가한 것이 아니므로 ①번은 잘못된 추론이에요. 마찬가지로, 글에서 아이가 바람의 힘을 가장 높게 평가한 것도 아니므로 ②번도 잘못된 추론이에요. 그리고 앞의 글에서 아이는 바람과 해의 이야기가 아닌, 따뜻한 이야기에 집중하고 있으므로 ④번도 잘못된 추론이에요. 제시한 글에서 아이는 자신의 마음을 움직인 것은 바람과 해가 아니라 따뜻한 이야기라고 말하고 있어요. 이 말은 아이가, 따뜻한 이야기가 가장 큰 힘을 지녔다고 생각하는 것이라고 추론할 수 있어요. 그러므로 ③번이 올바른 추론이에요.

이어 **생각하기**

'마음을 움직이는 힘'과 가장 관련이 없는 낱말을 골라 밑줄 치세요.

감동 다짐 반성 명령

꽃이 피었습니다

웃음꽃이 피었습니다.

무궁화꽃이 피었습니다.

패랭이꽃이 피었습니다.

구름꽃다지가 피었습니다.

해바라기꽃이 피었습니다.

위의 글을 읽고 알맞게 추론한 문장을 고르세요.

① 모두 한국을 대표하는 꽃입니다.

② 모두 주변에서 쉽게 볼 수 있는 꽃입니다.

③ 모두 자연에서 피어나는 꽃입니다.

④ 모두 '무엇이 어찌하다.' 짜임의 문장입니다.

앞의 글에서 '웃음꽃'은 진짜 꽃이 아니라 즐겁게 웃는 웃음을 환한 꽃에 빗대어 이르는 말이므로 ①번과 ②번과 ③번은 모두 잘못된 추론이에요. 즉, '웃음꽃'은 한국을 대표하는 꽃도 아니고, 주변에서 쉽게 볼 수 있는 꽃도 아니고, 자연에서 피어나는 꽃도 아니에요. 반면에, 제시된 글은 모두 '무엇이 피었습니다.'라는 식으로 쓰인 문장이에요. 이러한 문장 짜임을 '무엇이 어찌하다.'라고 해요. 그러므로 ④번이 올바른 추론이에요.

이어 생각하기

'무엇이 어찌하다.'라는 짜임의 문장으로 완성하세요.

장미꽃이 (   )

고양이가 (   )

냉장고가 (   )

마음이 따뜻합니다

바다가 푸릅니다.

하늘이 파랗습니다.

마음이 따뜻합니다.

들판이 노랗습니다.

고추가 빨갛습니다.

위의 글을 읽고 알맞게 추론한 문장을 고르세요.

① 모두 우리가 눈으로 보는 색깔입니다.

② 모두 우리의 마음을 나타냅니다.

③ 모두 도시에서 볼 수 있는 것입니다.

④ 모두 '무엇이 어떠하다.' 짜임의 문장입니다.

앞의 글에서 "마음이 따뜻합니다."는 색깔을 나타낸 문장이 아니므로 ①번은 잘못된 추론이에요. 제시한 글에서 "마음이 따뜻합니다."를 제외한 나머지 문장은 색깔을 나타내었으므로 ②번도 잘못된 추론이에요. 제시한 글에서 '바다, 들판'은 바닷가와 농촌에서 볼 수 있는 것들로 도시와는 관련이 없으므로 ③번도 잘못된 추론이에요. 반면에, 제시한 글은 모두 '무엇이 어떠하다.'라는 짜임의 문장이에요. 그러므로 ④번이 올바른 추론이에요.

이어 **생각하기**

'무엇이 어떠하다.'라는 짜임의 문장으로 완성하세요.

강물이 (   )

소나무 숲이 (   )

텔레비전이 (   )

나무 심기

아버지께서 파 놓으신 구덩이에 내 키보다 작은 묘목을 넣었다. 묘목을 넣은 구덩이에 파 놓은 흙을 다시 넣었다. 발로 흙을 꾹꾹 밟았다. 물뿌리개로 구덩이에 물을 듬뿍 뿌렸다.

위의 글을 읽고 알맞게 추론한 문장을 고르세요.

① 나무를 심기 전에 구덩이를 파야 합니다.

② 나무를 심은 뒤에는 구덩이의 흙을 밟지 않아야 합니다.

③ 나무를 심은 뒤에는 물을 뿌리면 안 됩니다.

④ 묘목은 어린나무보다 훨씬 큰 나무입니다.

앞의 글에서 묘목을 심기 위해 발로 흙을 꾹꾹 밟는 내용이 있으므로 구덩이의 흙을 밟지 않아야 한다는 ②번은 잘못된 추론이에요. 글에서 나무를 심은 뒤에 물뿌리개로 구덩이에 물을 뿌렸으므로 ③번도 잘못된 추론이에요. 그리고 '묘목'은 '어린나무'와 뜻이 같은 낱말이에요. 그런데 ④번은 묘목이 어린나무보다 훨씬 큰 나무라고 했으므로 잘못된 추론이에요. 그리고 제시한 글에서 묘목을 심기 위해 아버지가 구덩이를 파 놓았다는 내용이 나와요. 나무뿌리를 구덩이에 넣기 위해 미리 준비한 거예요. 그러므로 ①번이 올바른 추론이에요.

이어 **생각하기**

나무를 심고서 그 자리에 물을 뿌리는 까닭은 무엇일까요? 알맞은 낱말을 ( )에 넣어 문장을 완성하세요.

나무뿌리가 물을 빨아들이지 못하면 (   )가 죽을 수 있으므로 물을 뿌려 주어야 한다.

띄어 읽기

빨리 달려가자.

빨리 달려, 가자.

빨리 달려, 가, 자.

위의 글을 읽고 알맞게 추론한 문장을 고르세요.

① 모두 '달리기 운동을 하자'라는 내용입니다.

② 모두 조심해야 한다는 내용입니다.

③ 띄어 읽기에 따라 뜻이 달라지는 문장들입니다.

④ 띄어 읽어도 뜻이 바뀌지 않는 문장들입니다.

제시한 세 문장이 '달리기 운동을 하자'라는 내용과 관련이 있는지 알 수 없으므로 ①번은 잘못된 추론이에요. ②번은 문장에서 '조심해야 한다.'라는 내용은 없으므로 잘못된 추론이에요. 제시한 문장들은 띄어 읽으면 뜻이 바뀌므로 ④번도 잘못된 추론이에요. 즉, 제시된 문장에서 "빨리 달려가자."는 다른 사람에게 뛰어가자고 제안하는 말이지만, "빨리 달려, 가자."는 명령하는 말이고, "빨리 달려, 가, 자."는 빨리 뛰어가서 잠을 자라는 말이에요. 그러므로 ③번이 올바른 추론이에요.

이어 **생각하기**

괄호 속 문장에서 띄어 읽기에 따라 뜻이 바뀌는 문장에 쉼표를 넣어 완성하세요.

아빠가 방에 들어갔어요. (아빠 가방에 들어갔어요.)

아이가 빠졌어요. (아 이가 빠졌어요.)

문장 부호

문장 부호를 보면 문장의 뜻을 이해하는 데 도움이 돼요. 문장 부호는 문장을 구별하는 데 도움이 돼요. 부르는 말이나 대답하는 말 뒤에는 쉼표(,)를 써요. 설명하는 문장의 끝에는 마침표(.)를 써요. 묻는 문장의 끝에는 물음표(?)를 써요. 느낌을 나타내는 문장의 끝에는 느낌표(!)를 써요.

위의 글을 읽고 알맞게 추론한 문장을 고르세요.

① 문장 부호를 보고 '묻는 문장'과 '설명하는 문장'을 구별할 수 있습니다.

② 문장 부호를 보고 '문장의 뜻'을 완전하게 이해할 수 있습니다.

③ 문장 부호가 없어도 '묻는 문장'과 '설명하는 문장'을 만들 수 있습니다.

④ 문장 부호에서는 '물음표'가 가장 중요합니다.

②번은, 문장 부호가 '문장의 뜻'을 이해하는 데 도움이 되지만, 반드시 완전하게 이해할 수 있다는 보장은 없으므로 잘못된 추론이에요. ③번은, 문장 부호(물음표, 마침표)가 없으면 '묻는 문장'과 '설명하는 문장'을 만들 수 없으므로 잘못된 추론이에요. 그리고 문장 부호(쉼표, 마침표, 물음표, 느낌표)는 모두 중요해요. 그중 '물음표'가 가장 중요한 것은 아니에요. 그러므로 ④번도 잘못된 추론이에요. 반면에, 제시된 글에는 문장 부호가 문장을 구별하는 데 도움이 된다고 분명히 적혀 있어요. 문장 부호를 보고 '묻는 문장(물음표)'과 '설명하는 문장(마침표)'을 구별할 수 있어요. 그러므로 ①번이 올바른 추론이에요.

이어 **생각하기**

(   )에 마침표가 아닌, 다른 알맞은 문장 부호를 쓰세요.

저 그림은 무척 아름답구나(   )*

* '감탄'에 쓰이는 문장 부호를 생각하세요.

쉬어 읽기

복도에 커다란 일꾼개미가 나타났다.⩔

한 아이가 말했다.⩔

"얘들아,∨ 일꾼개미야." ⩔

아이들이 모여들었고,∨ 조심스레 살펴보았다.⩔

"어디서 온 걸까?⩔ 길을 잃었나?"⩔

초롱이가 말했다.⩔

"일꾼개미야,∨ 풀밭으로 보내 줄게." ⩔

초롱이는 공책에 올라온 일꾼개미를∨ 창밖 풀밭에 놓아 주었다.

위의 글을 읽고 알맞게 추론한 문장을 고르세요.

① 쉼표 뒤에는 길게 쉬어 읽습니다.

② 마침표 뒤에는 짧게 쉬어 읽습니다.

③ 물음표 뒤에는 길게 쉬어 읽습니다.

④ 느낌표 뒤에는 짧게 쉬어 읽습니다.

∨와 ≫는 '쉬어 읽음'을 나타내는 부호예요. 그중 ∨는 '짧게 쉬어 읽음'을 나타내는 부호이며, 낱말과 낱말 사이나 쉼표 뒤에 짧게 쉬어 읽어요. ≫는 '길게 쉬어 읽음'을 나타내는 부호이며, 문장이 끝난 마침표나 물음표, 느낌표 뒤에서 길게 쉬어 읽어요.

이 기준으로 앞에 제시된 글을 다시 보세요. '물음표' 뒤에는 길게 쉬어 읽어야 하므로 ③번이 올바른 추론이에요. ①번은, 쉼표 뒤에서는 짧게 쉬어 읽어야 하므로 잘못된 추론이에요. ②번은, 마침표 뒤에는 길게 쉬어 읽어야 하므로 잘못된 추론이에요. ④번은, 느낌표 뒤에는 길게 쉬어 읽어야 하므로 잘못된 추론이에요.

이어 **생각하기**

아래 문장의 ( )에 ∨와 ≫를 알맞게 표시하세요.

"할머니,(　　) 대나무는 왜 빨리 자라요?(　　) 정말 궁금해요."

그린 기린 그림

내가 그린 기린 그림은 긴 기린 그린 그림이고
네가 그린 기린 그림은 안 긴 기린 그린 그림이다.

위의 글을 읽고 알맞게 추론한 문장을 고르세요.

① 두 그림은 모두 긴 기린을 그린 그림입니다.

② 두 그림은 서로 다른 크기의 기린 그림입니다.

③ 두 그림은 크기가 같은 기린 그림입니다.

④ 두 그림은 크기는 다르지만, 색깔은 같은 그림입니다.

앞의 글에서 "네가 그린 기린 그림은 안 긴 기린"이라고 쓰여 있으므로 ①번은 잘못된 추론이에요. 또한 제시한 글에서 두 기린의 길이는 다르므로 ③번도 잘못된 추론이에요. ④번은, 글에서 색깔에 대한 언급이 없으므로 잘못된 추론이에요. 반면에, 글에서 "내가 그린 기린 그림은 긴 기린"과 "네가 그린 기린 그림은 안 긴 기린"이라는 표현은 두 그림이 서로 다른 크기의 기린 그림임을 나타내므로 ②번이 올바른 추론이에요. 이런 글을 살펴 읽으면 기초 문해력이 향상돼요.

이어 **생각하기**

아래의 문장을 소리 내어 정확하게 빨리 읽어 보세요.

앞집 집 앞 잔디는 앞 잔디이고

뒷집 집 앞 잔디는 뒤 잔디이다.

비교하기

크다 : 작다

많다 : 적다

좁다 : 넓다

길다 : 짧다

빠르다 : 느리다

높다 : 낮다

두껍다 : 얇다

무겁다 : 가볍다

밝다 : 어둡다

위의 낱말들을 읽고 알맞게 추론한 문장을 고르세요.

① 모두 뜻이 같은 낱말로 짝을 이루고 있습니다.

② 모두 글자 수가 같은 낱말로 짝을 이루고 있습니다.

③ 모두 반대말로 짝을 이루고 있습니다.

④ 모두 비슷한말로 짝을 이루고 있습니다.

제시한 낱말들은 뜻이 같은 낱말들이 아니라 서로 반대되는 낱말들이므로 ①번은 잘못된 추론이에요. ②번도 잘못된 추론이에요. 낱말들의 글자 수가 2개인 것도 있고 3개인 것도 있기 때문이에요. ④번도 잘못된 추론이에요. 제시한 낱말들은 비슷한 뜻이 아니라 반대되는 뜻으로 짝을 이루고 있기 때문이에요. 그래서 ③번이 올바른 추론이에요. 제시한 낱말들은 서로 반대말로 짝을 이루고 있으니까요. 예를 들어 '크다'의 반대말은 '작다'이고, '많다'의 반대말은 '적다'예요.

이어 **생각하기**

제시된 두 낱말의 반대말을 (   )에 쓰세요.

멀다 : (   )

슬프다 : (   )

그린 악어

정희와 지원이는 동물원에서 아기 악어와 어미 악어를 봤다. 집에 와서 정희는 아기 악어를 그렸고, 지원이는 어미 악어를 그렸다. 지원이가 그린 어미 악어가 정희가 그린 아기 악어보다 더 작았다.

위의 글을 읽고 알맞게 추론한 문장을 고르세요.

① 실제로 아기 악어가 어미 악어보다 컸습니다.

② 지원이는 정희가 그린 아기 악어보다 어미 악어를 더 크게 그렸습니다.

③ 정희는 아기 악어를 실제 크기보다 조금 작게 그렸습니다.

④ 정희가 그린 악어는 지원이가 그린 악어보다 컸습니다.

앞의 글에는 실제 악어의 크기에 관한 내용은 없고, 그림의 크기만 비교했으므로 ①번은 잘못된 추론이에요. ②번은, 지원이는 정희가 그린 아기 악어보다 어미 악어를 더 작게 그렸으므로 잘못된 추론이에요. 아기 악어의 실제 크기는 글에는 나타나 있지 않아요. 그러므로 '아기 악어를 실제 크기보다 조금 작게 그렸다'라는 ③번도 잘못된 추론이에요. 지원이가 그린 어미 악어가 정희가 그린 아기 악어보다 작다면, 정희가 그린 악어가 지원이가 그린 악어보다 크므로 ④번이 올바른 추론이에요.

이어 **생각하기**

'아기 코끼리'와 '어미 여우'가 함께 있는 그림을 그린다면 어느 쪽을 더 크게 그려야 할까요? 그 둘의 크기를 비교하여 대답하세요.

쌍받침

ㄲ, ㄸ, ㅃ, ㅉ, ㅆ처럼 같은 자음자가 겹쳐서 이루어진 자음을 '복자음'이라고 해요. ㄲ, ㅆ처럼 같은 자음자가 겹쳐서 이루어진 받침을 '쌍받침'이라고 해요. 그러면, "밖이 잘 보이게 유리창을 깨끗이 닦고 갔어요."에는 쌍받침이 몇 개가 들어 있을까요?

위의 글을 읽고 알맞게 추론한 문장을 고르세요.

① 큰따옴표를 한 문장의 쌍받침 개수는 1개입니다.

② 큰따옴표를 한 문장의 쌍받침 개수는 2개입니다.

③ 큰따옴표를 한 문장의 쌍받침 개수는 3개입니다.

④ 큰따옴표를 한 문장의 쌍받침 개수는 4개입니다.

큰따옴표를 한 문장에서 쌍받침을 찾아보면 다음과 같아요.

밖: ㄱ 자음자가 겹쳐서 이루어진 받침(ㄲ)

닦아야: ㄱ 자음자가 겹쳐서 이루어진 받침(ㄲ)

갔어요: ㅅ 자음자가 겹쳐서 이루어진 받침(ㅆ)

그러므로 ③번이 올바른 추론이에요. ①번은 쌍받침이 1개라고 했고, ②번은 쌍받침이 2개라고 했고, ④번은 쌍받침이 4개라고 했으므로 모두 잘못된 추론이에요. 큰따옴표를 한 문장에서 '깨끗이'의 'ㄲ'은 쌍받침이 아니라 복자음이에요.

이어 **생각하기**

서로 다른 두 자음으로 이루어진 받침을 '겹받침'이라고 해요. 'ㄳ, ㄵ, ㄺ, ㄻ, ㄼ, ㄾ, ㅄ'이 겹받침이에요. 아래의 낱말에 쓰인 겹받침을 (　　)에 쓰세요.

짧다 (　　　)

없다 (　　　)

핥다 (　　　)

맑다 (　　　)

가정생활

누나는 머리를 감고, 동생은 이를 닦고 있습니다. 어머니께서는 식탁을 닦고 계시고, 아버지께서는 계란말이를 뒤집고 계십니다.

위의 글을 읽고 알맞게 추론한 문장을 고르세요.

① 가족은 모두 힘을 모아 아침 식사를 준비하고 있습니다.

② 동생과 누나는 화장실에서 청소하고 있습니다.

③ 부모님께서는 음식을 만들고 계십니다.

④ 부모님께서는 주방에 계십니다.

앞의 글에서 가족 모두가 아침 식사를 준비하고 있다는 ①번은 잘못된 추론이에요. 누나는 머리를 감고, 동생은 이를 닦고 있기 때문이에요. 같은 이유로, 동생과 누나는 화장실 청소를 하고 있다는 ②번도 잘못된 추론이에요. 부모님께서는 음식을 만들고 계시다는 ③번도 잘못된 추론이에요. 아버지께서는 음식을 만들고 계시지만, 어머니께서는 식탁을 닦고 계시기 때문이에요. 반면에, 부모님께서는 주방에 계시다는 ④번은 올바른 추론이에요. 식탁도 조리 기구도 주방에 있기 때문이에요.

이어 **생각하기**

앞의 글을 읽으면 이 글은 '누나의 동생'인 '나'가 썼다는 것을 추론할 수 있어요. 가족을 지켜보던 '나'는 당시에 무엇을 하고 있었을까요? 자유롭게 생각하여 쓰세요.

대나무

대나무는 나무가 아닙니다. 나무는 단단하고 나이테가 있습니다. 그런데 대나무는 단단하지만, 나이테가 없습니다. 그래서 대나무는 높게 잘 자라지만 둘레가 길게 자라지는 않습니다.

위의 글을 읽고 알맞게 추론한 문장을 고르세요.

① 대나무는 나무의 한 종류입니다.

② 나무는 대나무보다 더 단단합니다.

③ 은행나무에는 나이테가 있습니다.

④ 대나무는 느티나무보다 굵게 자랍니다.

앞의 글에서 대나무는 나이테가 없어서 나무가 아니라고 했으므로 ①번은 잘못된 추론이에요. 글에서 나무가 대나무보다 더 단단하다고 하지 않았으므로 ②번도 잘못된 추론이에요. ④번은, 대나무가 느티나무보다 더 굵게 자라지 않으므로 잘못된 추론이에요. 제시한 글에서 나무는 “나이테가 있습니다.”라고 했어요. 은행나무는 나무의 한 종류예요. 그래서 은행나무에는 나이테가 있다고 추론할 수 있어요. 그러므로 ③번이 올바른 추론이에요.

이어 **생각하기**

대나무로 만드는 물건들을 ( )에 이어서 쓰세요.

바구니, 악기, ( )

봄눈

봄바람이 세게 붑니다.

벚나무 꽃잎들이 떨어져 바람에 날립니다.

벚나무 꽃잎들이 함박눈처럼 흩날립니다.

벚나무 꽃잎은 연분홍 봄눈입니다.

위의 글을 읽고 알맞게 추론한 문장을 고르세요.

① '벚나무 꽃잎'은 '눈'의 종류와 관계있습니다.

② '벚나무 꽃잎'은 '눈'의 크기와 관계있습니다.

③ '벚나무 꽃잎'은 '눈'의 모양과 관계있습니다.

④ '벚나무 꽃잎'은 '눈'의 색깔과 관계있습니다.

앞의 글에서 글쓴이는 '바람에 날리는 벚나무 꽃잎이 함박눈 같다'라고 생각하고 있어요. 이 말은 흩날리는 벚나무 꽃잎의 모양이 펄펄 날리는 함박눈 같다고 생각한 거예요. 함박눈은 눈에 포함되는 말이에요. 그러므로 ③번이 올바른 추론이에요. ①번과 ②번은, '벚나무 꽃잎'이 '눈'의 종류가 아니므로 잘못된 추론이에요. 그리고 ④번은, 연분홍색인 '벚나무 꽃잎'이 흰색인 '눈'의 색깔과 관계있는 것은 아니므로 잘못된 추론이에요.

이어 생각하기

(　　)에 들어갈 알맞은 낱말은 무엇일까요? '포함하다' 또는 '포함되다' 중 하나를 골라 쓰세요.

'함박눈, 싸라기눈, 진눈깨비, 가루눈'은 '눈'에 (　　　　　　　) 낱말이다.

오리너구리

오리너구리가 알을 낳았습니다.

오리너구리 새끼가 알에서 깨어났습니다.

오리너구리 새끼가 어미젖을 먹습니다.

오리너구리 새끼가 엉금엉금 기어갑니다.

오리너구리 새끼가 물에 풍덩 들어갔습니다.

어미 오리너구리가 가재를 잡았습니다.

위의 글을 읽고 알맞게 추론한 문장을 고르세요.

① 오리너구리는 젖을 먹는 동물이 아닙니다.

② 오리너구리는 물에서 살 수 없습니다.

③ 오리너구리 새끼는 알에서 났습니다.

④ 오리너구리는 알을 낳지 않습니다.

앞의 글에서 오리너구리 새끼가 "어미젖을 먹습니다."라고 했으므로 ①번은 잘못된 추론이에요. 그리고 "오리너구리 새끼가 물에 풍덩 들어갔습니다."라는 내용이 있으므로 ②번도 잘못된 추론이에요. 또한, 글에서 "오리너구리가 알을 낳았습니다."라고 했으므로 ④번도 잘못된 추론이에요. 같은 이유로, 글에서 "오리너구리 새끼가 알에서 깨어났습니다."라고 했으므로 ③번이 올바른 추론이에요.

이어 **생각하기**

'오리너구리'는 '오리'에 가까운 새(조류)일까요? 혹은 '너구리'에 가까운 포유동물일까요? 알맞은 문장에 ○표하세요.

오리너구리는 새(조류)이다. (　　)

오리너구리는 포유동물이다. (　　)

한복이 예쁩니다

한복이 예쁩니다.

복숭아가 달콤합니다.

장미가 향긋합니다.

참새가 귀엽습니다.

위의 글을 읽고 알맞게 추론한 문장을 고르세요.

① 모든 문장이 '무엇은 무엇이다.' 짜임입니다.

② 모든 문장이 '누가 어찌하다.' 짜임입니다.

③ 모든 문장이 '무엇이 어떠하다.' 짜임입니다.

④ 모든 문장이 '누가 어떠하다.' 짜임입니다.

제시한 문장들의 짜임은 '무엇이 어떠하다.' 형태로 이루어져 있어요.

한복이(무엇이) 예쁩니다(어떠하다).

복숭아가(무엇이) 달콤합니다(어떠하다).

장미가(무엇이) 향긋합니다(어떠하다).

참새가(무엇이) 귀엽습니다(어떠하다).

그러므로 ③번이 올바른 추론이에요. '무엇은 무엇이다.' 짜임은 '엄마는 호랑이입니다.'와 같아요. '누가 어떠하다.' 짜임은 '아빠는 친절하다.'와 같아요. '누가 어찌하다.'는 '동생이 뛰어갑니다.'와 같아요.

이어 **생각하기**

아래의 문장을 '무엇이 어떠하다.' 짜임으로 완성하세요.

[ ] 이(가) 폭신폭신합니다.

[ ] 이(가) 까칠까칠합니다.

[ ] 는(은) 무척 빠릅니다.

도서관 사서 고양이

학교 도서관 사서 고양이에 관한 이야기야. 학교 도서관 사서 고양이는 아무도 없는 밤, 학교 도서관에 몰래 와서 책을 찾아 주지. 앗! 거울에 비친 도서관 사서 고양이의 귀가 쫑긋쫑긋하고 눈은 휘둥그레졌어. 달님이 도서관에 먼저 와 있는 거야. 이런 적은 없었거든.

"너, 이렇게 일찍 와도 돼?"

"괜찮아. 오늘은 구름이 많아서 내가 없어도 사람들이 모를 거야."

"그래도 오늘은 보름이잖아?"

"어제 은행나무가 읽고 웃었던 책을 읽고 싶어. 얼른 찾아 줘."

위의 글을 읽고 알맞게 추론한 문장을 고르세요.

① 고양이는 달님을 처음 봤습니다.

② 달님은 비가 와서 도서관에 일찍 왔습니다.

③ 고양이는 낮에 도서관에서 책을 대출합니다.

④ 달님은 책을 읽으려고 도서관에 왔습니다.

앞의 글에서 고양이와 달님이 친구처럼 대화하는 것을 보면, 둘이 친한 사이이므로 ①번은 잘못된 추론이에요. 그리고 글에서 “구름이 많아서 내가 없어도 사람들이 모를 거야.”라는 내용이 있을 뿐 비가 내린다는 내용은 없으므로 ②번도 잘못된 추론이에요. 또한 글에서 “아무도 없는 밤, 학교 도서관에 몰래 와서 책을 찾아 주지.”라는 내용은 있지만 낮에 도서관에서 책을 대출한다는 내용은 없으므로 ③번도 잘못된 추론이에요. 반면에, 제시된 글에서 달님이 “어제 은행나무가 읽고 웃었던 책을 읽고 싶어. 얼른 찾아 줘.”라고 말했어요. 이 대목에서 독자는 달님이 책을 읽고 싶어서 도서관에 왔음을 추론할 수 있어요. 그러므로 ④번이 올바른 추론이에요.

이어 **생각하기**

앞의 글에서 고양이는 달님을 발견하고는 ‘앗!’ 하며 놀랍니다. 놀란 고양이의 모습을 상상하여 그려 보세요.

나는 학생입니다

나는 2반 학생입니다.

나는 1학년 2반 학생입니다.

나는 착한 1학년 2반 학생입니다.

나는 책을 많이 읽고, 착한 1학년 2반 학생입니다.

나는 교실과 복도에서 안전 규칙을 잘 지키고, 책을 많이 읽고, 착한 1학년 2반 학생입니다.

위의 글을 읽고 알맞게 추론한 문장을 고르세요.

① 나는 2학년 학생입니다.

② 나는 복도에서 뛰어다니지 않습니다.

③ 나는 책을 읽는 것을 좋아하지 않습니다.

④ 나는 때때로 거친 말을 합니다.

앞의 글에서 "나는 1학년 2반 학생입니다."라는 내용이 있으므로 ①번은 잘못된 추론이에요. 또 글에서 "나는 책을 많이 읽고, 착한 1학년 2반 학생입니다."라고 하였으므로 책을 읽는 것을 좋아하지 않는다고 추론한 ③번도 잘못된 추론이에요. 그리고 글에서 "나는 착한" 학생이라고 했으므로, 때때로 거친 말을 한다고 추론한 ④번도 잘못된 추론이에요. 반면에, 글에서 "나는 교실과 복도에서 안전 규칙을 잘 지키고"라고 했으므로, 이 학생은 교실과 복도에서 뛰어다니지 않는다는 것을 추론할 수 있어요. 그러므로 ②번이 올바른 추론이에요.

이어 **생각하기**

앞의 글처럼, (   )에 낱말을 채워서 자신을 소개하는 글을 완성해 보세요.

나는 (   )반 학생입니다.

나는 (   )학년 (   )반 학생입니다.

나는 (   )한 (   )학년 (   )반 학생입니다.

나는 (   )고, (   )한 (   )학년 (   )반 학생입니다.

등교

나는 바지를 입고, 털옷을 입고, 양말을 신고, 안경을 쓰고, 시계를 차고, 가방을 메고, 부츠를 신고, 장갑을 끼고, 부모님께 인사하고, 고양이에게 인사하고, 우산을 쓰고, 학교에 갑니다.

위의 글을 읽고 알맞게 추론한 문장을 고르세요.

① 글쓴이는 학교에 가기 위해 여러 가지 준비를 합니다.

② 글쓴이는 더위를 막기 위해 부츠를 신었습니다.

③ 글쓴이는 스마트폰으로 학교 가는 시간을 확인했습니다.

④ 글쓴이는 따뜻한 털모자를 썼습니다.

앞의 글에서 부츠를 신은 이유에 관한 내용은 없지만, 더위를 막기 위해 부츠를 신었다는 내용도 없으므로 ②번은 잘못된 추론이에요. 마찬가지로, 글에서 스마트폰에 관한 얘기가 전혀 없으므로 '스마트폰으로 학교 가는 시간을 확인했다'라는 ③번의 추론은 잘못된 추론이에요. 또한 "털옷을 입고"라는 내용은 있어도 '털모자를 썼다'라는 얘기는 나오지 않으므로 ④번도 잘못된 추론이에요. 제시된 글에서 글쓴이는 옷과 안경 등의 여러 가지를 착용하고 부모님과 고양이에게 인사를 하며 학교에 간다고 했어요. 그래서 글쓴이는 학교에 가기 위해 여러 가지 준비를 한다고 추론할 수 있어요. 그러므로 ①번이 올바른 추론이에요.

이어 생각하기

앞의 글을 읽으면, 글쓴이가 등교할 때 눈이나 비가 내린다는 것을 짐작할 수 있어요. 이 내용을 추론할 수 있는 부분을 앞의 글에서 찾아 쓰세요.

상태를 나타내는 말

좋다	고맙다	걱정하다
싫다	기쁘다	궁금하다
	놀라다	답답하다
	두렵다	만족하다
	무섭다	부끄럽다
	반갑다	사랑하다
	부럽다	속상하다
	신나다	창피하다
	즐겁다	행복하다
	화나다	뿌듯하다

위의 낱말들을 읽고 알맞게 추론한 문장을 고르세요.

① 모두 화난 상태를 나타낸 말입니다.

② 모두 무서워하는 상태를 나타낸 말입니다.

③ 모두 즐거워하는 상태를 나타낸 말입니다.

④ 모두 기분의 상태를 나타내는 말입니다.

제시한 낱말들은 모두 기분이나 감정의 상태를 나타내는 말이에요. '고맙다', '기쁘다'는 좋은 감정이나 행복한 기분의 상태를 나타내는 말이고요, '속상하다', '부끄럽다'는 나쁜 감정이나 불편한 기분의 상태를 나타내는 말이에요. 그러므로 ④번이 올바른 추론이에요. ①번은, 낱말 중에는 '좋다'와 '기쁘다'처럼 행복한 감정을 나타내는 말도 포함되어 있으므로 잘못된 추론이에요. ②번도, '무섭다'와 '두렵다' 말고도 기쁨과 사랑을 표현하는 낱말이 포함되어 있으므로 잘못된 추론이에요. ③번도, '걱정하다'와 '속상하다' 등 불편한 감정을 나타내는 낱말도 있으므로 잘못된 추론이에요.

이어 **생각하기**

낱말의 뜻풀이가 알맞도록 (   )에 공통된 낱말을 쓰세요.

궁금하다: 무엇이 알고 싶어 (   )이 몹시 답답하고 안타깝다.

속상하다: 화나거나 걱정되는 일이 생겨 (   )이 불편하고 우울하다.

오늘 기분

친구가 넘어진 나를 일으켜 줘서 고맙다.
받아쓰기 시험을 잘 봐서 기쁘다.
좋아하는 가수가 콘서트를 연다는 소식에 신난다.
하지만 곰돌이 지우개를 잃어버려서 속상하다.
내일 가족 소개 발표를 해야 해서 걱정된다.
열심히 연습해서 발표하면 뿌듯하겠지?

위의 글을 읽고 알맞게 추론한 문장을 고르세요.

① 글쓴이는 기분이 변하는 여러 상황을 경험했습니다.
② 글쓴이는 시험을 망쳐서 속상해합니다.
③ 글쓴이는 콘서트에 갈 수 없어서 불안해합니다.
④ 글쓴이는 발표 연습을 열심히 하지 않았습니다.

제시한 글에서 받아쓰기 시험을 잘 봐서 “기쁘다”라고 했으므로 시험을 망쳤다고 추론한 ②번은 잘못된 추론이에요. 그리고 글쓴이는 콘서트 소식을 듣고 “신난다”라고 했지, 콘서트에 갈 수 없다고 하지는 않았으므로 ③번은 잘못된 추론이에요. 또한 글에서 가족을 소개해야 해서 걱정은 했지만, 발표 연습을 열심히 하지 않았다는 내용은 없으므로 근거 없이 그렇게 추론한 ④번도 잘못된 추론이에요. 제시된 글에는 ‘고맙다, 기쁘다, 신나다, 속상하다, 걱정하다, 뿌듯하다’ 등 여러 감정을 표현하는 낱말들이 있어요. 그래서 글쓴이가 기분이 변하는 여러 가지 상황을 경험했다고 추론할 수 있어요. 그러므로 ①번이 올바른 추론이에요.

이어 **생각하기**

글쓴이는 가족 소개 발표 준비를 열심히 했을까요? 아니면, 열심히 준비하지 않았을까요? 앞의 글의 내용*에 근거하여 간단히 쓰세요.

* 글쓴이가 마음속으로 예상한 내용을 다시 읽어 보세요.

통화

"할머니, 우리 집 마당에 목련꽃이 활짝 피었어요."

"그래? 우리 아파트에 있는 목련은 아직 아무 소식이 없구나."

"할머니, 이번 여름 방학에는 꼭 할머니 댁에 갈게요."

"그래? 그럼, 저번처럼 갈비찜이랑 식혜 만들어 줄게."

위의 글을 읽고 알맞게 추론한 문장을 고르세요.

① 할머니가 사는 곳은 글쓴이 집보다 따뜻한 지역입니다.

② 글쓴이는 할머니를 만나러 자주 갑니다.

③ 할머니는 글쓴이가 방문하면 맛있는 음식을 해 주십니다.

④ 글쓴이가 사는 집은 아파트입니다.

할머니께서 계시는 곳에 있는 목련보다 글쓴이 집에 있는 목련꽃이 먼저 피었다는 사실을 보면, 할머니가 계시는 곳은 글쓴이가 사는 곳보다 더 추운 곳이므로 ①번은 잘못된 추론이에요. 그리고 글쓴이가 할머니 댁에 여름 방학에 가겠다고 했지만, 그곳에 자주 가는지 아닌지에 대한 정보는 글에 나타나 있지 않으므로 ②번도 잘못된 추론이에요. 또한, 제시한 글에서 목련꽃은 글쓴이 집 마당에 피었어요. 그러므로 그 집은 아파트는 아니어서 ④번도 잘못된 추론이에요. 반면에, 글에서 할머니께서 글쓴이에게 "그래? 그럼, 저번처럼 갈비찜이랑 식혜 만들어 줄게."라고 말씀하셨어요. 그러므로 평소에 할머니께서는 글쓴이가 할머니 댁에 방문하면 맛있는 음식을 해 주신다고 추론할 수 있어요. 따라서, ③번이 올바른 추론이에요.

이어 **생각하기**

앞의 글에서 할머니께서는 여름 방학에 방문하겠다는 글쓴이에게 두 가지 음식을 만들어 주시겠다고 말씀하십니다. 그 음식이 무엇인지 (　)에 쓰세요.

(　　　　　　　　　　) (　　　　　　　　　　)

여름과 가을

여름은 힐끔힐끔, 기웃기웃, 살래살래, 사푼사푼
가고,
가을은 성큼성큼, 히죽히죽, 으쓱으쓱, 덩실덩실
왔다.

위의 글을 읽고 알맞게 추론한 문장을 고르세요.

① 여름은 조용히 사라지고, 가을은 당당하게 왔습니다.

② 여름은 신나게 춤을 추면서 떠납니다.

③ 가을은 천천히 조심스럽게 다가옵니다.

④ 소리를 흉내 내는 말로 표현했습니다.

'덩실덩실'처럼 춤을 추는 듯한 표현은 여름이 아니라 가을에 해당하므로 ②번은 잘못된 추론이에요. 그리고 글에서 가을이 '성큼성큼' 온다고 했으므로 천천히 조심스럽게 다가온다는 ③번의 추론은 맞지 않아요. 또한 글에서 사용된 말들은 모양을 흉내 내는 말이지 소리를 흉내 내는 말이 아니므로 ④번도 잘못된 추론이에요. 제시된 글에서 "여름은 힐끔힐끔, 기웃기웃, 살래살래, 사푼사푼 가고"라고 표현했어요. 이는 여름이 조용하고 머뭇거리듯 사라지는 모습을 떠올리게 해요. 그리고 "가을은 성큼성큼, 히죽히죽, 으쓱으쓱, 덩실덩실 왔다."라고 했어요. 이는 가을이 당당하고 활기차게 다가오는 모습을 표현한 거예요. 그러므로 ①번이 올바른 추론이에요.

이어 **생각하기**

'소리를 흉내 내는 말'에 ○표하세요.

부르릉부르릉 (　　)

쨍그랑쨍그랑 (　　)

후다닥후다닥 (　　)

사뿐사뿐 (　　)

레서판다와 대왕판다

레서판다와 대왕판다를 모두 판다라고 부르지만, 조상이 다릅니다. 판다는 빽빽하고 부드러운 털을 가지고 있습니다. 이빨은 넓적합니다. 나무에 재빨리 기어오릅니다. 대나무를 즐겨 먹습니다.

대왕판다는 다 자라면 몸무게가 100킬로그램 정도가 되고, 레서판다는 15킬로그램 정도가 됩니다. 레서판다는 앞발가락이 여섯 개인 것처럼 보입니다. 엄지발가락과 비슷한 뼈가 하나 더 있기 때문입니다.

위의 낱말들을 읽고 알맞게 추론한 문장을 고르세요.

① 판다는 나무를 잘 타고 대나무를 먹습니다.

② 레서판다가 자라면 대왕판다가 됩니다.

③ 레서판다는 엄지발가락이 두 개 있습니다.

④ 판다는 모두 몸무게가 100킬로그램이 넘습니다.

앞의 글에서 레서판다와 대왕판다는 조상이 다르다고 했으므로, 레서판다가 자라서 대왕판다가 된다는 ②번은 잘못된 추론이에요. 그리고 레서판다는 엄지발가락과 비슷한 뼈가 하나 더 있어 앞 발가락이 여섯 개처럼 보인다고 했을 뿐, 실제로 엄지발가락이 두 개라는 내용은 없으므로 ③번도 잘못된 추론이에요. 또한, 대왕판다는 100킬로그램 정도지만, 레서판다는 15킬로그램 정도라고 했으므로 ④번은 잘못된 추론이에요. 반면에, 글에서 판다는 나무에 잘 기어오르고, 대나무를 먹는다고 했어요. 그러므로 ①번이 올바른 추론이에요.

이어 **생각하기**

래서판다와 대왕판다의 얼굴은 서로 닮은 특징이 있어요. 그 특징은 무엇일까요? 두 동물의 사진을 찾아보고 비교하여 답변하세요.

욕심 많은 개

욕심 많은 개가 길에 떨어진 고깃덩어리 하나를 주웠어요. 신이 난 개는 고기를 물고 집으로 걸어가고 있었어요. 징검다리를 건너던 개는 문득 물에 비친 또 다른 개를 보고 깜짝 놀랐어요. 그 개도 고깃덩어리를 물고 있었어요.

'내 것보다 크잖아?'

개는 욕심이 났어요. 고기를 빼앗으려고 고깃덩어리를 물고 있는 개를 보고 크게 짖었어요.

"멍멍. 멍멍."

바로 그 순간, 입에 물고 있던 고깃덩어리가 물에 풍덩 빠지고 말았어요.

위의 글을 읽고 알맞게 추론한 문장을 고르세요.

① 개는 고깃덩어리를 두 개 가지게 되었습니다.

② 개는 결국 고깃덩어리를 잃어버렸습니다.

③ 개는 물에 빠뜨린 고깃덩어리를 되찾았습니다.

④ 개는 고깃덩어리를 다른 개에게 빼앗겼습니다.

앞의 글을 보면, 개가 길에서 고깃덩어리를 하나만 주웠으므로 ①번은 잘못된 추론이에요. 그리고 짖던 개가 물에서 빠뜨린 고깃덩어리를 되찾았다는 내용은 없으므로 ③번도 잘못된 추론이에요. ④번은, 개가 짖느라고 고깃덩어리를 물에 빠뜨린 것이지 다른 개에게 빼앗긴 것이 아니므로 잘못된 추론이에요. 제시한 글에서 개는 물에 비친 자기 모습을 보고 다른 개가 앞에 있다고 착각했어요. 욕심이 난 개는 짖었고, 그 순간 입에 물고 있던 고깃덩어리가 물에 빠져 버렸어요. 그러므로 ②번이 올바른 추론이에요.

이어 **생각하기**

「욕심 많은 개」에서 개는 왜 고깃덩어리를 잃어버리게 되었을까요? 알맞은 까닭에 ○표하세요.

개가 징검다리를 건넜기 때문에 (　　)

물에 비친 자기 모습을 보았기 때문에 (　　)

더 갖고 싶은 욕심 때문에 (　　)

물에 비친 또 다른 개를 보고 깜짝 놀랐기 때문에 (　　)

이순신

이순신은 어머니께서 돌아가셨다는 부고를 듣고 뛰쳐나갔다. 이순신은 몹시 애통했다. 이순신은 눈앞이 캄캄했다. 이순신은 그 깊은 슬픔을 붓으로 적었다. 부모에게 효도하고 싶었지만, 이제 더 이상 효도할 수 없는 슬픔을 글로 적었다.

위의 글을 읽고 알맞게 추론한 문장을 고르세요.

① '부고'는 사람의 죽음을 알리는 것을 말합니다.

② 이순신은 어머니를 찾아뵙지 못해 매우 슬퍼했습니다.

③ 이순신은 슬픈 마음을 연필로 적었습니다.

④ '애통하다'와 '비통하다'는 뜻이 크게 다릅니다.

앞의 글에서 이순신이 몹시 슬퍼한 까닭은 어머니를 찾아뵙지 못했기 때문이 아니라 어머니께서 돌아가셨기 때문이므로 ②번은 잘못된 추론이에요. 그리고 글에서 이순신이 슬픈 마음을 적은 필기구는 연필이 아니라 붓이었으므로 ③번도 잘못된 추론이에요. 또한 '애통하다'와 '비통하다'의 뜻이 '슬프고 마음이 아픔'이므로 두 뜻이 같습니다. 그래서 ④번도 잘못된 추론이에요. ①번은 '부고'의 의미를 정확하게 설명하고 있어요. '부고'는 일반적으로 사람의 죽음을 알리는 소식이므로 ①번이 올바른 추론이에요.

이어 생각하기

이순신이 쓴 그 애통한 글에는 어떤 내용이 담겨 있을까요? 곰곰이 상상하여 한두 문장만 써 보세요.

젊은이

젊은이는 이를 악물어 아픔을 참고, 다리를 절면서 버드나무 밑으로 갔습니다. 버드나무 밑에는 꺾여 떨어진 나뭇가지가 있었습니다. 젊은이는 버드나무 가지의 껍질을 벗겼습니다. 젊은이는 그것으로 다리의 상처를 싸매었습니다. 젊은이는 다리를 절면서 말이 서 있는 데로 갔습니다. 그리고 말고삐를 잡더니 말 위에 올라타고는 달렸습니다.

"보통 사람이 아닌걸. 뒷날에 큰일을 하겠는걸!"

사람들은 저마다 젊은이를 칭찬했습니다.

위의 글을 읽고 알맞게 추론한 문장을 고르세요.

① 젊은이는 아픈 상처를 치료했습니다.

② 젊은이는 아픔을 견디지 못하고 쓰러졌습니다.

③ 젊은이는 다리를 다쳤지만 포기하지 않았습니다.

④ 사람들은 젊은이를 칭찬한 이유를 모르고 있습니다.

앞의 글에서 젊은이가 버드나무 가지의 껍질로 싸맨 것은 치료가 아니라 응급조치였으므로 ①번은 잘못된 추론이에요. 그리고 글에서 젊은이가 고통을 참으며 이겨내고 있으므로, 견디지 못하고 쓰러졌다는 ②번의 추론도 잘못된 추론이에요. 또한 사람들은 젊은이가 큰일을 할 인물이라는 것에 대해 칭찬하고 있으므로, 그 이유를 모르고 있다고 추론한 ④번도 잘못된 추론이에요. 반면에 글에서 젊은이가 다리를 절면서도 포기하지 않고 말에 올라타 달리는 모습에서 젊은이가 의지가 강하고 끈기가 있다는 것을 추론할 수 있어요. 어려운 상황에서도 좌절하지 않고 행동한다는 뜻에서 맞는 추론이에요. 그러므로 ③번이 올바른 추론이에요.

이어 **생각하기**

제시한 글 속의 '젊은이'는 우리가 알고 있는 역사적 인물이에요. 누구일까요? 알맞은 인물에 ○표하세요.

세종 대왕 (   )

홍길동 (   )

이순신 장군 (   )

강감찬 장군 (   )

운동회

"영차! 영차!"

"청군, 이겨라."

"백군, 이겨라."

학생들의 응원 소리로 한참 동안 운동장이 떠들썩했습니다. 청군이 힘껏 잡아당기면 백군이 끌려갔다가, 백군이 힘껏 잡아당기면 청군이 끌려가고는 했습니다.

위의 낱말들을 읽고 알맞게 추론한 문장을 고르세요.

① 운동회 경기에서 백군이 이기고 있습니다.

② 운동회에서 청군과 백군이 줄다리기합니다.

③ 청군은 백군에게 큰 압박을 주고 있습니다.

④ 운동회는 참 조용한 분위기였습니다.

앞의 글에서 백군이 이기고 있다는 내용이 없으므로 ①번은 잘못된 추론이에요. 그리고 청군이 백군과 경쟁하고 있지만 그것이 백군에게 큰 압박을 주고 있다고 단정할 수는 없으므로 ③번도 잘못된 추론이에요. ④번은, "응원하는 소리로 한참 동안 운동장이 떠들썩했습니다."라는 문장에서 알 수 있듯이, 운동회는 활기찬 분위기에서 진행되고 있으므로 잘못된 추론이에요. 제시한 글의 제목은 '운동회'이며, "청군이 잡아당기면 백군이 끌려갔다가, 백군이 잡아당기면 청군이 또 끌려가고는 하였습니다."라는 내용에서 독자는 청군과 백군이 줄다리기하는 것을 추론할 수 있어요. 그러므로 ②번이 올바른 추론이에요.

이어 **생각하기**

'운동회'에서 한 팀에 여럿이 참가하는 종목이 아닌 경기에 ○ 표하세요.

줄다리기 (   )

이어달리기 (   )

개인 달리기 (   )

큰 공 굴리기 (   )

두들겨 맞는 일

나는 두들겨 맞는 일을 합니다. 내가 많이 맞아야 일이 잘 됩니다. 그렇지만 나는 아무리 맞아도 멍이 안 듭니다. 다치지도 않고 약해지지도 않습니다. 어머니들이 나를 두드리는 소리는 집 밖에서도 들립니다. 어떤 사람은 귀가 아프다고 합니다. 어떤 사람은 멀리서 들으면 소리가 참 듣기 좋다고 합니다.

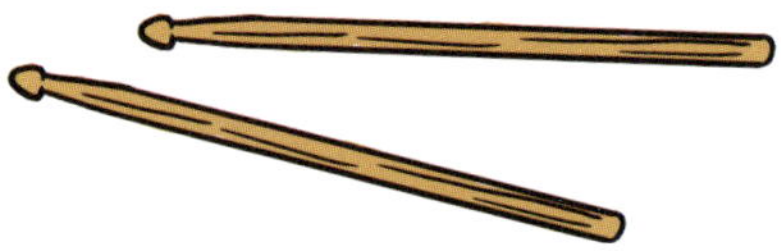

위의 글을 읽고 알맞게 추론한 문장을 고르세요.

① '두들겨 맞는 일'은 장구나 북 같은 타악기를 비유한 표현입니다.

② '나는 두들겨 맞는 일을 합니다.'는 이 글이 교육적 의미를 지니고 있다는 것을 뜻합니다.

③ 어머니들이 '나'를 두드리는 소리는 혼란스럽고 모든 사람에게 방해가 되는 소리입니다.

④ 글의 화자인 '나'는 옷을 방망이로 두드려 다듬이질할 때 받침으로 쓰이는 다듬잇돌을 뜻합니다.

장구나 북 같은 타악기를 연주하려면 그 악기들을 두들겨야 하지만 '두들겨 맞는 일' 자체가 타악기를 비유한 것은 아니에요. 그러므로 ①번은 잘못된 추론이에요. ②번은, 글에서 교육적 의미를 지니고 있다는 내용이 나오지 않으므로 잘못된 추론이에요. ③번은, 글에 "어떤 사람은 멀리서 들으면 소리가 참 듣기 좋다고 합니다."라는 내용이 있으므로 잘못된 추론이에요. 그리고 글에서 "두들겨 맞는 일"은 옛날 어머니들이 한복을 매끈하게 하려고 방망이로 다듬이질할 때 받침돌로 쓰이는 다듬잇돌이라고 추론할 수 있어요. 그러므로 ④번이 올바른 추론이에요. '화자'는 '글에서 이야기를 하는 사람'을 말해요.

이어 **생각하기**

'다듬이질'은 오늘날은 거의 보기 힘들어요. 그러니 '다듬이질'을 하는 동영상을 검색하여 시청해 보세요. 그리고 그 '다듬이질' 소리를 가만히 들어 보세요.

이어 생각하기

답 예시

15쪽

삼촌, 이모, 이모부, 고모, 고모부, 외삼촌, 큰아버지, 큰어머니, 작은아버지, 작은어머니

17쪽

평소에도 자세가 구부정해지기 쉽다. (○)

19쪽

(해님아), 잘 잤니?
그래. 그래.
(달님아), 잘 잤니?
그래. 그래.

21쪽

글씨

23쪽

한글

25쪽

새들의 지저귀는 소리, 산들바람 소리, 개구리 우는 소리, 아이들 웃음소리, 봄비 내리는 소리

27쪽

코끼리, 홍학, 두루미, 돌고래, 사슴, 너구리

29쪽

고무장갑, 개구리밥, 나무토막, 애기똥풀, 해바라기, 흔들흔들

31쪽

주머니, 나비, 사자, 바나나, 고구마

33쪽

죽, 꿀, 떡, 빵, 면

35쪽

감자, 당근, 마, 생강, 우엉

37쪽

소라, 가리비, 모시조개, 대게, 해파리

39쪽

차례, 차비, 차츰, 차표

41쪽

국어 교과서, 국어 활동 교과서

43쪽

ㅏ (사랑)　　ㅑ (야호)

ㅓ (먹다) ㅕ (여름)
ㅗ (고민) ㅛ (조용하다)
ㅜ (구름) ㅠ (규칙)
ㅡ (음악) ㅣ (이)

45쪽
이미 네 옆에서 자고 있어. /
나는 너의 꿈을 키워줄게. /
나는 언제나 너를 지켜보고 있으니, 걱정하지 말고 나와 함께 자라자.

47쪽
희망, 회의, 의사, 의미, 의견, 주의

49쪽
히히(×)

51쪽
물
산
잠
답

53쪽
선생님의 허락 없이 친구들과 이야기하지 않는다. /
수업 시간에 연필을 깎으러 자리에서 일어나지 않는다.

55쪽
아침, 점심, 저녁, 특식

57쪽
된장찌개
간장게장
고추장지짐이

59쪽
공기 청정기, 게시판, 사물함, 화분, 그림, 실내화

61쪽
꾸러기, 쌀, 꿈, 딸, 뿔, 찔레

63쪽
푸드덕
포드닥
(또는)
퍼드덕
파드닥

65쪽
귀[혀, 이]
손등[손목, 손톱]
발바닥[발등, 발톱]

67쪽
손으로 하는 행동: 펴다, 쓰다, 들다, 그리다, 만지다
발로 하는 행동: 차다, 달리다, 구르다, 미끄러지다, 밟다
입으로 하는 행동: 씹다, 노래하다, 웃다, 외치다, 기침하다

69쪽
옷걸이
쓰레기통
책장
걸레

71쪽
찐빵
떡볶이
솜사탕

73쪽
의자
시계
칠판
휴지통(쓰레기통)

75쪽
도토리

77쪽
놀이터
술래놀이

79쪽
매운 고추, 간장, 참기름, 양배추, 당근, 순대, 만두, 소시지

81쪽
짬뽕, 잔치국수

83쪽
김 위에 밥을 깔고, 우엉, 햄, 계란, 단무지를 얹는다. (○)

85쪽
물

87쪽
병원
약국

89쪽
횡단보도의 왼쪽은 건너편 보행자를 위한 길이기 때문이다.

91쪽
문방구, 떡집, 미용실

93쪽
서로의 친근감을 느낄 수 있다. 서로 친해질 수 있다.

95쪽
야옹야옹, 야옹

97쪽
죄송합니다
감사합니다

99쪽
캐릭터 그리기(내가 그린 캐릭터가 예쁘다고 자꾸 그려 달라고 한다.)

101쪽
명령

103쪽

떨어졌습니다
뛰어올랐습니다
돌아갑니다

105쪽

맑습니다
아름답습니다
큽니다

107쪽

나무 (또는)
어린나무

109쪽

아빠, 가방에 들어갔어요.
아, 이가 빠졌어요.

111쪽

!

113쪽

"할머니, (∨) 대나무는 왜 빨리 자라요?(⩔)

115쪽

※ 모든 글을 정확하게 빨리 읽을 수 있도록 연습해 보세요.

117쪽

가깝다
기쁘다

119쪽

일반적으로, 아기 코끼리는 어미 여우보다 훨씬 크기 때문에 그림을 그릴 때 아기 코끼리를 더 크게 그려야 합니다.

121쪽

ㄹㅂ
ㅂㅅ
ㄹㅌ
ㄹㄱ

123쪽

나는 수저를 놓으려고 준비하고 있었습니다. /
거실을 정리정돈하고 있었습니다. /
반려견에게 먹이를 주고 있었습니다.

125쪽

대나무 젓가락, 단소, 피리, 대금, 부채

127쪽

포함되는

129쪽

오리너구리는 포유동물이다. (○)

131쪽

이불
수염
토끼

133쪽

※ 도서관 사서 고양이 모습을 상상하여

그려 보세요.

135쪽

1,

1, 1,

정직, 1, 1,

정직하, 씩씩, 1, 1

137쪽

우산을 쓰고

139쪽

마음

141쪽

글쓴이는 가족 소개 발표 준비를 열심히 했다고 생각합니다. 왜냐하면, “열심히 연습해서 발표하면 뿌듯하겠지?”라고 말했기 때문입니다. 연습을 통해 발표를 잘 마치고 싶은 마음이 드러나 있기 때문에, 열심히 준비했을 가능성이 매우 높다고 생각합니다.

143쪽

갈비찜

식혜

145쪽

부르릉부르릉(○)

쨍그랑쨍그랑(○)

147쪽

눈 주위에 다른 색깔이 털이 있습니다. /

얼굴이 둥글둥글합니다. /

눈이 작습니다. /

얼굴이 참 귀엽습니다.

149쪽

더 갖고 싶은 욕심 때문에(○)

151쪽

어머니의 따뜻한 미소와 다정한 목소리가 그립습니다. 이제는 그 곁에 있을 수 없다는 것이 너무 슬픕니다. /

어머니께 제대로 효도하지 못해 죄송합니다. 어머니의 사랑을 마음속 깊이 새기겠습니다.

153쪽

이순신 장군 (○)

155쪽

개인 달리기 (○)

156쪽

※ 다듬이질은 옷이나 옷감 따위를 방망이로 두드려 반드럽게 하는 일을 말해요. 다듬이질할 때는 다듬잇감과 다듬잇방망이와 다듬잇돌이 필요해요.